直播电商——策划、运营与实训

主　编　徐　刚　王鹏飞
副主编　崔　博　范红召　孙晓静
参　编　李　静　敖海英　夏　雨

电子工业出版社
Publishing House of Electronics Industry
北京·BEIJING

内 容 简 介

本书全面系统地讲解了直播电商的相关知识。全书共 8 个项目，主要介绍了直播电商概述与认知、直播电商策划与筹备、直播电商策略与运营、直播电商实施与执行、直播电商的效果评估与优化、直播电商平台的学习与实操、直播电商的风险与防范、直播电商职业与法律规范认知等内容。本书由专业教师与企业专家共同编写，内容详实、案例丰富，以期从实战出发，为读者的直播电商之路提供指导和启示。

本书既可作为电子商务类相关专业的教材，也可作为新媒体相关专业及直播电商从业人员的学习参考用书。

未经许可，不得以任何方式复制或抄袭本书之部分或全部内容。
版权所有，侵权必究。

图书在版编目（CIP）数据

直播电商：策划、运营与实训 / 徐刚，王鹏飞主编. —北京：电子工业出版社，2024.1
ISBN 978-7-121-47084-4

Ⅰ．①直… Ⅱ．①徐… ②王… Ⅲ．①网络营销 Ⅳ．①F713.365.2

中国国家版本馆 CIP 数据核字（2023）第 252975 号

责任编辑：陈　虹
印　　刷：北京七彩京通数码快印有限公司
装　　订：北京七彩京通数码快印有限公司
出版发行：电子工业出版社
　　　　　北京市海淀区万寿路 173 信箱　邮编 100036
开　　本：880×1230　1/16　印张：11　字数：384 千字
版　　次：2024 年 1 月第 1 版
印　　次：2025 年 2 月第 5 次印刷
定　　价：33.00 元

凡所购买电子工业出版社图书有缺损问题，请向购买书店调换。若书店售缺，请与本社发行部联系。联系及邮购电话：（010）88254888，88258888。
质量投诉请发邮件至 zlts@phei.com.cn，盗版侵权举报请发邮件至 dbqq@phei.com.cn。
本书咨询联系方式：chitty@phei.com.cn。

前言

在这个迅速变化的数字时代，直播电商已成为电子商务行业中一股不可忽视的新势力。本书旨在为读者提供一个系统的学习路径，引导读者深入理解直播电商的世界。通过系统学习书中的内容，学生和从业者不仅能够理解直播电商的基本原理和操作流程，还能掌握市场分析、内容创作、风险管理等关键技能。这些技能在当前数字化和网络化的商业环境中极为重要。

本书通过实战案例和项目实训环节，强化了学习者的实际操作能力。在现实工作中，理论知识需要与实际操作相结合，以应对不断变化的市场环境和消费者需求。书中的实战导向教学方法能够确保学习者在掌握理论的同时，还能培养出解决实际问题的能力。本书对于培养具有创新精神和道德责任感的直播电商人才将起到积极作用。在强调技能和知识传授的同时，本书还注重培养学习者的创新意识和法律法规遵守意识，这对于培育能够在行业中长远发展的高素质直播电商人才至关重要。

本书特色主要体现在以下几点。

（1）理论结合实践。本书采用项目式教学方法，将理论与实践紧密结合，通过具体的任务和案例使读者能够在实践中学习并掌握知识，提升实战能力。

（2）全面覆盖直播电商领域。从直播电商的起源、发展，到行业现状、产业链结构，再到实际操作、策略运营，本书全面覆盖了直播电商领域的相关知识点。

（3）深入分析直播电商的市场营销价值。本书不仅介绍了直播电商的基本特点和营销优势，还深入探讨了其在当代市场中的应用价值。

（4）重视风险管理与法律规范。在讲解直播电商的同时，本书特别强调了风险管理和遵守相关法律规范的重要性，指导读者在遵循行业规则的前提下进行创新。

（5）实战导向。通过具体的实训与评价环节，本书鼓励读者将所学知识应用于实际操作中，在书中，我们不仅将讨论直播电商的现状与发展趋势，还将深入探讨如何有效地规划和执行直播电商活动，包括商品策略、团队运营、前期准备、话术设计及效果评估与优化等关键环节。同时，考虑到直播电商的多样性和不断发展的特点，本书还将介绍多个主流直播平台的操作与策略，如抖音（书中图片对应版本为17.1.0版）。

本书由徐刚、王鹏飞任主编,崔博、范红召、孙晓静任副主编,其中徐刚、王鹏飞对本书的框架结构进行了整体策划,并负责最后的统稿工作。具体分工如下:项目一由王鹏飞和崔博编写;项目二由王鹏飞和敖海英编写;项目三由孙晓静编写;项目四由范红召编写;项目五由夏雨编写;项目六由李静编写;项目七由王鹏飞编写;项目八由崔博编写。另外,企业专家夏雨、路树泽、金勋伟在本书的编写过程中提供了相关企业实战经验与资料并参与编写工作。

目录

项目一　直播电商概述与认知 ··· 1

　　任务一　认识直播电商 ··· 2

　　任务二　直播电商的营销价值应用 ··· 4

　　任务三　直播电商的行业现状分析 ··· 8

　　任务四　直播电商的产业链结构 ··· 9

　　任务五　直播电商当下问题及未来发展趋势 ································· 12

项目二　直播电商策划与筹备 ··· 18

　　任务一　直播电商的工作流程 ··· 19

　　任务二　直播电商的方案策划与执行 ·· 22

　　任务三　直播电商的脚本撰写 ··· 28

　　任务四　直播电商的前期准备工作 ··· 32

项目三　直播电商策略与运营 ··· 39

　　任务一　直播电商的商品策略 ··· 41

　　任务二　直播电商的团队运营 ··· 48

项目四　直播电商实施与执行 ··· 57

　　任务一　直播前的预热环节 ·· 58

任务二　直播标题及封面图的设计……………………………………60

　　任务三　直播话术的设计与实施……………………………………65

　　任务四　调动直播间人气实施及粉丝的维护………………………70

项目五　直播电商的效果评估与优化………………………………………84

　　任务一　直播电商效果评估的基本步骤……………………………85

　　任务二　直播电商效果评估的数据分析……………………………86

　　任务三　直播电商效果评估的指标优化……………………………92

　　任务四　直播电商效果评估优化具体操作案例……………………98

项目六　直播电商平台的学习与实操………………………………………106

　　任务一　淘宝直播……………………………………………………107

　　任务二　抖音直播……………………………………………………119

　　任务三　快手直播……………………………………………………126

项目七　直播电商的风险与防范……………………………………………138

　　任务一　直播电商的风险预测………………………………………139

　　任务二　直播电商的风险防范………………………………………146

　　任务三　制订直播电商风险管理计划书……………………………148

项目八　直播电商职业与法律规范认知……………………………………153

　　任务一　直播电商相关规范认知……………………………………153

　　任务二　直播电商相关法律认知……………………………………160

　　任务三　直播电商相关职业认知……………………………………163

项目一
直播电商概述与认知

【学习目标】

1. 了解直播的发展历程。
2. 理解直播电商的营销价值。
3. 掌握直播电商的行业现状。
4. 了解直播电商面临的挑战和未来的发展趋势。

引例

政企联手直播，助力消费扶贫
——"2020电商扶贫专场活动"首场直播成功举办

2020年7月25日下午，由北京市商务局和北京市扶贫支援办共同主办，京粮电商、北京商报社、首农供应链、北京市消费扶贫双创中心和快手平台共同承办，作为重启北京消费季后，首个扶贫助农直播带货活动——"2020电商扶贫专场活动"在北京京粮电子商务产业园成功举办。

本次直播以"爱心农产品，消费助小康"为主题，主要展示来自北京对口扶贫支援地区的特色名品、优品，供消费者线上下单抢购。其中，来自湖北省的富硒竹溪贡米、新疆维吾尔自治区和田地区的大枣、河南省的野生蓝莓果汁、内蒙古自治区的沙棘饮料、河北省张家口市的土豆泥粉、河北省保定市的黄冰糖等产品，受到消费者的喜爱。

直播间主播为对口扶贫地区产品直播带货，并为粉丝送出五折秒杀的福利，湖北省的富硒竹溪贡米、新疆维吾尔自治区和田地区的大枣和张家口市的土豆泥粉在短时间被抢光。

本次活动直播间在线观看人数累计达1294.3万人次，同时在线观看人数达3万人，粉丝在留言区纷纷打出"为爱扶贫""为爱下单"等字样，来表达对扶贫地区的关爱，希望通过购买扶贫产品来帮助贫困地区早日脱贫。本次电商扶贫专场直播活动直接触达消费端，提升了扶贫产品的流量和曝光率，带动扶贫产品销售转化，以最直接、实惠的方式为消费者让利的同时，还帮助了贫困地区的农户脱贫增收。

思考：1. 直播电商与传统电商的联系与区别是什么？
2. 为何直播电商可以迅速地发展起来？

任务一　认识直播电商

今天，直播电商已经成为热门行业。随着时代的发展，很多软件都添加了直播功能。似乎直播成为了所有行业增加营业额的重要途径，尤其是电商行业。其实，直播电商并不是突然兴起的，直播行业的迅速发展是很多因素结合起来的结果。

直播电商就是以直播的方式进行商品的推销、销售。直播本质上只是一种流量工具，它的最终目的仍是对商品进行销售，从而达到销售商品、增加营业额的目的。它是一种将直播与电商相结合的新型营销手段。

本任务将介绍直播电商的基础知识，包括直播的由来和直播的发展历程，以让大家对直播电商有初步的了解。

一、直播的由来

世界上第一个直播

1991年剑桥大学的计算机研究室里，有一台公用的咖啡机，而剑桥大学的研究人员却分布在不同的楼层，这就导致了很多想喝咖啡的研究人员因为不知道咖啡壶里是否还有咖啡而经常大老远跑了个空。

为了解决这个问题，Quentin Stafford-Fraser 和 Paul Jardetzky 两位博士在咖啡机面前装了一个摄像头。摄像头每分钟会抓取三次图像，然后上传到博士们的电脑上。这样两位博士每次去取咖啡的时候，只要看一眼摄像头图像就会知道咖啡壶里是否有咖啡，而不至于白跑一趟。

为了方便其他的研究人员也能随时观测咖啡壶里的咖啡，博士们编写了一整套软件可以让部门的研究人员在内部计算机网络上也能看到咖啡壶。

直到1993年11月22日，两位博士把直播画面上传到了互联网上，于是全世界第一个"直播"形式就诞生了。

直播是伴随着电视、广播及互联网的发展而诞生的。在传统媒体时代，就已经有基于电视或广播的现场直播形式，如晚会直播、访谈直播、体育比赛直播、新闻直播等。

《广播电视词典》对"直播"的界定是"广播电视节目的后期合成、播出同时进行的播出方式"。按播出场合可将直播分为现场直播和播音室或演播室直播等形式。电视现场直播是在现场随着事件的发生、发展进程同时制作和播出电视节目的播出方式，是充分体现广播电视媒介传播优势的播出方式。

互联网时代的到来，使得直播的概念有了新的发展，越来越多基于互联网的直播形式开始出现。自此，直播的含义更倾向于"网络直播"，比如最开始的游戏直播，到后来的电商直播等。

当下的"直播"，即网络直播，是指用户在电脑端或移动端安装直播软件后，利用摄像头对某个事物、事件或场景进行实时记录，并在直播平台实时呈现，同时，其他用户可以在直播平台直接观看并进行实时互动的播出方式。

相对于过去静态的图文内容，如今的直播主要以视频的形式向用户传递信息，表现形式也更加立体化，且能实现实时互动，因而更容易吸引用户的注意力，继而得到了蓬勃的发展。

二、直播的发展历程

直播的发展历程，从某种程度上看，也是发掘直播营销价值的过程。从这个角度看，我国直播的发展历程共分为三个阶段。

（一）第一阶段：电脑端秀场直播

网络速度和硬件水平是影响互联网直播发展的主要因素。受这两个因素的制约，最初的互联网直播并不能支持用户同时打开多款软件或进行"一边看体育比赛，一边做解说"等操作，仅支持用户利用电脑端网页或客户端观看秀场直播。

国内的直播最早出现在一些网络聊天室，受众主要使用电脑端，规模不大，广告较多。这个时期，网络直播的商业模式已经基本形成，其中包括等级体系、用户打赏、会员用户特权等，基本由一些网民和"网红"通过直播以聊天或唱歌等方式来消遣和谋利，内容比较简单。

秀场是公众可以展示自我的互联网空间，2005年开始在我国兴起。第一阶段的网络直播往往目的和效果十分简单，仅仅是为了直播展示内容而进行直播，内容比较单纯，目的也十分明确，比如体育赛事的直播，部分展示才艺的直播，第一阶段的直播并没有与营销和产品售卖绑定在一起。而随着直播的发展，秀场直播也慢慢退出了舞台。

（二）第二阶段：电脑端互动直播

随着社会的发展，计算机在我国逐渐普及。人们对于娱乐生活的需求逐渐提高，电视、报纸等传统媒体难以长时间吸引人们的关注。于是，电脑端娱乐互动直播应势而生。在此阶段，主播往往根据观众的需求来制作直播内容，观众对哪些内容感兴趣，主播就会趋之若鹜。这一阶段的互动性明显强于第一阶段，但还是受到了软硬件的限制。

这一阶段是直播发展的一个关键时期，奠定了后续直播的基本盈利模式，即观众送出虚拟礼物使主播和平台获得一定的收益。直播带货的初始形式悄然而生。

（三）第三阶段：移动端直播

随着智能手机硬件的不断升级，移动互联网逐渐提速降费，用户进入全民移动端直播时代，与之对应的是大批移动端直播网站的火爆。由于直播带来的巨大经济利益，因此各大公司、企业也纷纷投入到了庞大的直播市场之中。

2015 年开始，大量资金投入网络直播，使得网络直播更加活跃，逐渐把战场拓展到各种电脑终端。以智能手机为代表的移动端关于直播软件的开发也越来越多，直播场所更为方便。直播的内容也不再局限于体育，户外直播、二次元直播、综艺节目直播、文娱类直播等开始普及。

随着移动端也就是手机的普及，全民观看直播的时代来临了。由于忙碌的生活，人们更愿意利用碎片化的时间进行娱乐，因此直播在这个风口上受到了极大的欢迎。

2016 年，移动端直播市场迎来了真正的爆发期。

2017 年，经过一年多的行业洗牌，市场上知名度较高的移动端直播平台仅剩数十家。

在这一阶段，直播的商业变现功能依然处于探索阶段。但直播所拥有的流量、社交属性、媒体属性，以及内容所展现的场景化和互动特点，决定了直播营销价值的存在。

自"直播+"的概念被提出后，各个平台和商家纷纷加入这场"直播+"的热潮之中，都在探索全新的直播形式和直播内容。"直播+教育""直播+医疗""直播+电商""直播+饮食""直播+公益""直播+体育"等多种互联网商业模式，已经影响了人们现有的生活方式。网络直播形式的丰富和内容的持续更新是很大的优势，只要符合受众的兴趣点，就会衍生出多不胜数的直播形式，但就目前来说，网络直播的形式主要以游戏直播、生活直播和秀场直播为主。

【任务反思】

1．什么是网络直播？
2．直播发展都经过了哪些阶段？
3．电脑端直播有什么优势？
4．你知道哪些直播软件？
5．移动端直播的特点是什么？

任务二　直播电商的营销价值应用

直播电商不是传统的电商概念。首先，直播电商并不是电商的简单升级，不能单纯地把直播当成电商的新渠道而已。其次，直播电商提供给企业另一种经营品牌的路径，借助直播的热度，企业一方面可以提高销售渠道效率和销售转化效率，另一方面可以通过经营直播的主播人设，达成粉丝积累和产品销售转化，进而实现品牌的建设。因此，直播是一种营销手段，指的是通过直播的方式来提升产品的销售量，增加人们对于产品的兴趣及认知，同时它也是一种销售渠道。人们在购买产品的时候，要通过直播平台进行下单，这既提升了直播平台的销售额，也增加了客户与直播平台之间的黏性。

一、直播电商的特性

直播电商借助直播媒介开展电子商务活动，具有实时性、交互性和针对性三大特征。

（一）实时性

借助于直播电商平台，主播能够实时地与用户分享自己的生活日常，将自身所处的环境、场合、氛围等信息一并传递给用户。这类动态化的内容，对信息的包容度更强，更适合进行信息的传递。另外，还可以实时将自己所看到的信息传递给正在观看直播的人们，因此许多以前很难第一时间了解到的新闻事件，现在可以通过直播得到迅速地传递。

用户也可以通过评论的方式对主播发布的相关信息进行实时的交流和互动，主播可以直接地看到用户的需求和想法，从而实时地调整自己的产品售卖方式。而在产品销售过程中，时间往往是决定这个产品能否销售成功的重要因素。

可以设想一下，当你去商场购买东西或者去饭店吃饭的时候，周围人的催促，以及你身边朋友对你的催促，往往会促成你的消费。同样，这也是直播实时性所带来的好处。

（二）交互性

与传统媒体相比，网络视频直播具有突出的互动性，不仅用户与主播可以进行互动，而且主播与主播，用户与用户也都可以进行互动。主播可以通过直播展示自己，通过分享获得他人的赞同；而普通用户，则可通过"弹幕"实现与主播或其他用户的交流与互动。大众传播模式多为单向性传播，随着网络视频直播的出现，不仅时空界限被打破，还实现了"一对多"的互动。网络视频直播的交互性，不仅使传播方式更加个性化和平等化，而且大大提升了受众的体验感与参与感，加速了传播信息的反馈，使信息传播更具成效。

一方面，直播的实时传播使得作为内容传播者的主播难以"调试"自己，主播的举动都被实时传输到观看直播的用户面前，大大降低了网络的虚拟感，让用户获得更加真实的体验。另一方面，在观看直播的过程中，用户可以就商品的相关问题与主播进行实时互动，主动向主播咨询和获取商品的有效信息。

交互性在某种意义上模拟了主播和用户在线下购买时的情景，使人们在网上购买的时候并没有感觉到特别突兀，或者是一种虚拟的感觉。主播和用户之间可以循环往复地进行问答，一个产品的提问与回答，可以进一步加深用户对于主播和直播间产品的认知，从而最终达成交易。

(三) 针对性

区别于传统的电商平台，直播行业会有更加明确的产品分类，会根据不同产品的特点去营造不同的直播氛围；可以更准确地吸引特定用户前来观看，从而有针对性地对客户进行宣传、引导。

有针对性地对用户进行宣传，既提升了直播平台的直播效率，也提升了直播平台的粉丝数量，最终可以达成产品交易的目的。与此同时，也剔除了部分并不是很想去购买产品的用户，从而极大了提升了直播间的宣传效率，提高了产品的交易数量。

二、直播电商的特点

(一) 准入门槛较低

网络视频直播申请主播十分容易，只需在直播平台注册账号并进行实名认证，基本可拥有自己的房间，进而可以开始直播。它不需要任何的技术及知识水平，学历等也不十分重要，这也是直播逐渐大众化的原因，只要你想表达自我、展示自我，就可以进行直播，全民直播的时代随之来临。不过，随着国家部门对直播的重视，其监管力度也越来越大。

(二) 直播方式多样

现今，直播平台多种多样，主播可以根据自己的选择找到适合的消费群体，然后确定直播平台。直播平台的多样性也造就了不同的内容群体。首先，内容选择多种多样。无论吃饭、聊天、唱歌、跳舞等都可以成为直播内容，并且限制较少，生活中的大部分事情都可以进行直播，当然，要在法律允许的范围。其次，在时空界限上具有多样性。以互联网为依托，人们可根据自身需求随时随地对网络视频直播信息加以获取，打破了传统的时空限制，适合当前人们的生活与工作方式。随着移动端的来临，也就是手机的普及，直播的多样性就更为突出了。

(三) 受众基础广泛

网络视频直播不同于传统媒体的"多级传播"，而是一种直接性的传播。在信息传播过程中，它不需要进行转述，可大大减少多级传播可能造成的信息损耗。基于传播视角，无论文字还是图片、视频，在传播之前都可以对它们进行加工、剪辑，而网络视频直播却实现了用户与现场的实时连接，切实地保证了最真实的用户体验，有力地增强了信息的可信度，极大地满足了人们对于"真实性"的要求与渴望，它给人们生活带来的影响，其传播广度和范围已超过其他传统媒体，并且受众基础广泛。

(四) "粉丝经济"效益高

在开放的网络视频直播互动平台中，最受关注的便是主播，尤其是主播背后的粉丝群体所带来的"粉丝经济"，为主播与平台带来了丰厚的利润。加之"明星效应"日益凸显，也给视频直播带来了更多效益与影响力。部分演员、明星都纷纷投入直播行业，究其原因就是其粉丝数量庞大，购买力强，经济利益能够得到显著提升，效率要比传统的线下售卖高出很多。可见，"粉丝经济"带来的红利十分巨大。

三、直播电商的营销优势

网络直播与电商的结合带来了令人惊喜的销售业绩：2016年4月，某化妆品牌在某购物平台试水直播营销，2个小时便有超过500万人次观看，卖出10000余支口红，实际销售额达142万元。面对这样的数据，老牌电商希望利用直播平台继续挖掘消费潜力，进一步扩大市场占有率；新兴商家则希望能够通过这样的方式在市场站稳脚跟，于是，直播电商爆发性地流行起来。

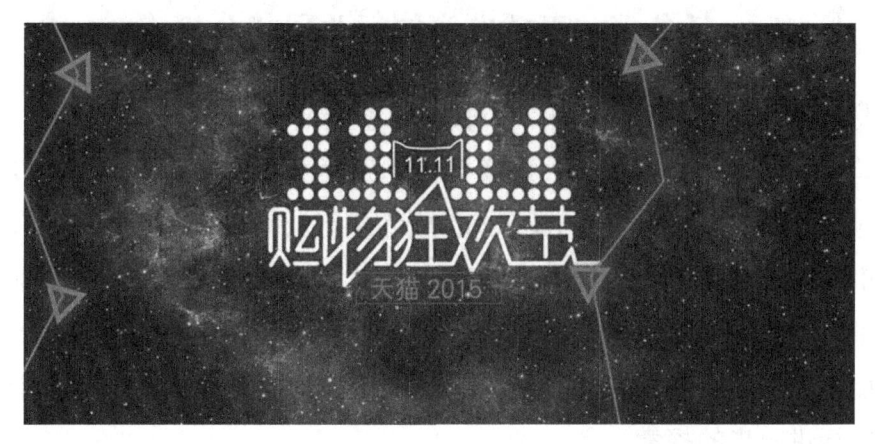

2019年，某购物平台"双十一"活动期间，超过10万商家开通直播。"双十一"活动开场不到9小时，直播成交额突破100亿元，超过50%的商家都通过直播获得新的增长。

2020年年初，各类线下服装店、超市、企业、品牌纷纷转战直播营销行业，直播营销领域呈现出一派生机盎然的景象。直播之所以能受到企业、品牌和商家的青睐，是因为其具备以下四大优势。

（一）更高效的销售服务

任何一个直播间，可同时接待的线上用户数量远远超过线下，能在短时间内服务更多的潜在用户。一个主播可以服务几百个甚至几千个用户，并且可以有效地找出购买意愿强烈的用户，显著地提高了服务效率，提升了整体的销售额。

（二）更低的营销成本

相对于传统营销及其他的网络营销形式，直播电商投入的成本更低，从人力、物力角度来说，它都具有方便、简单的特点，这也促进了部分中小企业的发展。

（三）更及时的销售互动

用户在直播间提问后可以获得即时反馈，主播也可以通过用户在直播间的真实反馈快速做出反应，缩短用户的消费决策时间。

（四）更直接的营销反馈

直播间的互动是双向的、即时的，主播将直播内容呈现给用户的同时，用户也可以通过"弹幕"的形式分享自己的体验。

【任务反思】

1. 直播经济是由什么产生的？
2. 你支持"粉丝经济"吗？为什么？
3. 直播电商具有哪些优势？
4. 你在直播间购买了哪些产品？为什么选择在直播间购买？

任务三　直播电商的行业现状分析

直播电商发展至今，经历了红利期、成长期、蓄能期。

2016年，直播电商初步兴起，各大电商平台率先探索直播电商模式；2017年，直播"网红"涌现，部分主播抓住了直播电商的新风口，成为了行业的标杆；2018年，直播平台、MCN（Multi-Channel Network）机构和主播等产业链各环节快速成长，并开始向精细化运营方向发展；2019年，直播电商全面进入爆发期，各公司或平台也纷纷进行直播电商的尝试。

现今，直播电商的发展趋于稳定，但其行业现状仍然值得关注，今后对于直播电商的发展，我们仍需进行进一步的探索。

一、直播电商的行业现状介绍

（一）红利期的快速繁荣

由于准入门槛较低、受众基础广泛、用户互动性强，无论明星或普通人，都纷纷加入网络视频直播队伍中。从我国互联网络发展状况统计报告来看，截至2021年6月，我国网络视频直播用户规模达5.5亿，占手机网民总体的62%。惊人的直播用户数量使整个网络来到了直播红利的风口，所有人都看到了直播带来的巨大的经济效益。这导致网络视频直播呈现出"不讲理式"的快速生长与繁荣，"网红""打赏"等各种相关词语日渐融入人们的生活中，观看直播成为人们生活中的常态。

（二）成长期的无序发展

明显的经济效益使得网络直播迅速成长起来，从最初靠"打赏"来获得收益的直播游戏，逐渐演变成了直播带货。但在网络视频直播领域中，一些直播主体通过表演低俗、色情等内容的节目来获取关注，给社会带来了恶劣的影响，也严重影响了行业的健康、有序发展，不仅增加了互联网内容风险，而且存在扰乱社会秩序的隐患。加之其在市场影响力及经济效益方面的影响日益显著，一些投资机构与网络推手团队开始介入，部分"推手"制作假新闻或假消息，以提高人们对主播的关注度，而这些行为会不同程度地扰乱网络视频直播行业的发展环境与秩序。

无序的发展使直播行业领域鱼龙混杂、良莠不齐，优质的直播难以得到广泛的关注，大量的垃圾信息涌入网民的视野。

（三）蓄能期的管理混乱

网络视频直播门槛较低，且具有效益性，在"粉丝经济"巨大红利的推动下，催生出了大量消费类"网红"。这些"网红"主播在直播过程中为积攒人气和攫取利益，不仅挑战道德底线，还挑战法律底线，直播涉及"黄""赌""暴"等内容，容易导致群体极化，加大监管难度。正是由于部分网络视频直播经营单位责任缺失、管理混乱等问题，才导致其在快速繁荣与发展的过程中饱受诟病。

随着国家对于网络及网络直播的重视，相应的法律法规相继出台，使直播电商行业管理混乱的现象得到了一定的控制。

【任务反思】

1．你认为直播电商的前景如何，请简要分析。
2．直播的红利期还会出现吗？为什么？

任务四　直播电商的产业链结构

直播电商的产业链上游为产品提供商，如提供产品的品牌商家和供应链的机构等；中游为内容输出，如各大直播平台、直播软件，以及一些需要带货的企业等；下游为消费者和最终购买者。

对于直播电商产业结构中最重要的产业环节，有人认为供应链是直播电商的核心，也有人认为"网红"才是直播电商的重点，而有的平台认为MCN机构才是推动直播电商的主力。实际上，这三者都十分重要，且缺一不可，这是毋庸置疑的。

一、直播电商的产业链结构介绍

（一）供应链是上游，是产业源头

供应链是直播电商环节上游，是具备销售动力的环节，这也是最考验行业沉淀性的一环。拥有上游供应链厂家资源的服务商机构，在直播电商发展环节中拥有优势。如果拥有自己合作的供应链厂家，能够保证在服装品类上新的时候做到及时响应、按需出货，从而大大减少库存积压的成本；也可以有一定的价格优势，便于去销售各种产品。据报道，现今某购物平台直播签约的服装供应链已经达到51家，遍及杭州、广州、常熟等服装中心，每月上新的款式数量达到16万，超过了某些全球快时尚品牌。由于该购物平台的直播对于供应链的要求更高、需求更多，因此原本在销售上有明显季节性差异的供应链，也因为该购物平台的直播，迎来了全年无休的旺季。

（二）产业直播基地是平台

全国产业带直播基地以山东、河北、江苏、浙江、广东等地为主，依托于产业带的特色优势，形成了地域性的产业带聚集。如山东、河北、河南、辽宁等地，形成了以玉石售卖为主要特色的产业带直播基地，广东、浙江则形成了以服装、电子产品售卖为特色的产业带直播基地。各地区凭借着他们各自不同的优势进行直播带货。同时，直播带货也促进了边远地区的经济发展，使其利用地方特产来推动各个产业的发展。

（三）多渠道网络服务商是产业抓手

在直播营销的产业链中，商品供应方、多频道网络（Multi-Channel Network，MCN）机构、主播、直播平台的加入，使营销中"人""货""场"三要素重新排列组合，使之呈现出不同于传统营销的产业链结构。

MCN机构和主播是直播营销产业链的核心，起着连接供应端和需求端的作用。一方面，在供应端，MCN机构和主播链接供应商，为供应商的商品策划定制内容。其中，MCN机构可以为供应商对接合适的主播，并为主播提供账号管理、流量推广等运营方面的支持。对于个人主播而言，MCN机构有助于个人主播快速成长；而对于专业的直播团队而言，他们可能并不需要MCN机构的服务。另一方面，在需求端，MCN机构和主播链接用户，可以收集用户的消费反馈，通过大数据分析用户偏好，并反馈给供应商，从而帮助供应商进行商品结构的优化。

直播平台负责搭建和维护场景服务，并制订相关规则要求所有平台用户遵守。主播在直播平台输出内容，引导用户成交；用户在直播平台观看直播，支付商品费用，对主播进行打赏等。因此，直播平台的收入来源主要包括主播的打赏分成、主播带货所带来的销量分成、营销推广服务收入三种方式。

此外，供应商也可以入驻直播平台进行直播，即"商家自播"模式。在这种模式中，供应商自己的工作人员可以在直播间担任主播，输出直播内容，完成"带货"。当然，一些已经拥有一定品牌效应的头部主播也可以根据用户需求打造自有品牌，即"自建供应商"。在这种模式下，主播需要先建立自有品牌，然后再委托有实力的制造商进行商品的研发、设计、生产及后期维护的全部服务，从而实现自有品牌的商品供应。

二、供应商与主播的合作方式

在供应商与主播的合作中，直播营销的合作方式主要分为专场包场和整合拼场。

（一）专场包场

专场包场即供应商包场，整场直播所推荐的商品都是由一家供应商提供的商品，可以是同品牌商品，也可以是一家供应商旗下的多品牌商品。对于供应商来说，这种方式的合作费用比较高，但产生的营销效果比较好。

（二）整合拼场

整合拼场即主播在同一场直播中推荐多家供应商的商品。对于其中一家供应商来说，这种模式的合作费用较低，但营销效果不确定，供应商需要考察主播的能力及主播与商品的契合度。

三、供应商与主播的收益分配方式

在供应商和主播的合作中，直播营销的收益分配方式主要有"纯佣金"和"佣金+坑位费"两种方式。

（一）"纯佣金"方式

"纯佣金"方式是指供应商根据直播间商品的最终销售额，按照事先约定好的分成比例向主播支付佣金。在直播行业中，主播的佣金比例往往由主播等级和主播过去的销售成绩决定。

（二）"佣金+坑位费"方式

"佣金+坑位费"方式是指供应商先向主播支付固定的"坑位费"，在直播结束后，再根据直播间商品的最终销售额按照约定的分成比例向主播支付相应的佣金。这种收益分配方式主要存在于整合拼场中。

四、网红主播

随着"红人经济"的越发火爆，带货数据好的"红人"在直播电商中拥有给自己议价的话语权。

"网红"主播可以带来巨大的粉丝量及购买力，而昂贵的"坑位费"却让很多小公司对"网红"主播望而却步，只能找自己公司的员工或者知名度不高的主播进行带货。

"网红"主播市场也正呈现"二八定律"，头部主播吸收了平台大部分的流量，使得中小主播难以成长，也难以拥有竞争优势。在某平台上可见，头部主播直播带货报价比普通主播报价高出几十倍甚至上百倍，普通主播甚至需要自己去找货源。因此，就诞生了许多经济模式，如公司与主播签约，通过各种资源培养主播成为网红。其成为网红之后，可以给公司带来十分巨大的经济收益，促进公司发展，提升经济效益。

【任务反思】

1. 直播经济产业链和传统的产业链有什么区别？
2. 直播带货和普通销售的销售额相差得多吗？为什么？

3．你支持网红直播带货吗？为什么？

4．你未来会从事直播行业吗？为什么？

任务五　直播电商当下问题及未来发展趋势

随着时代的发展，直播电商迅速地进入了大众的视野，它引领着时代的潮流，也承担着时代的责任。那么，直播电商如今有哪些值得注意的问题？未来的发展方向又是什么？

一、直播电商行业的痛点

（一）应加强用户对商品的感知

在直播间，很多主播为了直播画面的美感，会刻意调整直播间的灯光、展示背景、拍摄角度及画面滤镜，这些都会对商品的外观表现产生很大影响。这就导致用户在观看直播时看到的商品，可能与真实的商品存在差异。而在直播间氛围的引导下，用户从产生购买欲望到做出购买行为，往往缺乏理性的思考，这就导致用户在收到商品后会产生被欺骗的感觉，从而影响主播的商业口碑。

（二）降低主播"带货"能力与成本的矛盾

直播不同于短视频，优质的短视频内容可能并没有出镜人员，但直播不能没有主播。任何一场"带货"直播，都需要优秀的主播来介绍商品，这也意味着主播的"带货"能力是直播营销成败的关键因素。

（三）加强直播过程的控制

用户愿意在直播间购买商品的一个主要原因在于直播内容的不可剪辑、不可重录，镜头下的所有内容都会实时地传递给用户，让用户在一定程度上相信，直播间所展示的商品即"所见即所得"。不可剪辑、不可重录、实时传递的特点，是直播作为一种营销手段的独特优势，同时也带来了难以规避的风险。因为直播镜头可能会在无意中将商品的缺点暴露出来，而缺点一经暴露，就不可撤销，也无法掩盖。这种"翻车"情况，不但会影响直播营销的效果，甚至会影响主播及直播团队的声誉。

（四）提高商品质量

中国消费者协会于2021年5月12日通过其官网发布了《"五一"小长假消费维权舆情分析报告》以下简称《报告》。该《报告》显示，网络购物中虚假发货、商品质量、售后服务问题反映较为集中，而随着"网红带货""直播带货"的兴起，有关网络购物在品控、售后、发货等方面的问题只增不减。某些网红主播绕过平台，将交易移到"桌面底下"，导致消费者无处维权。不解决此类问题，直播带货就只能是一次买卖，无法形成良性的交易闭环。

（五）改善明星直播"带货"效果

从专业水准来看，直播"带货"也有行业的专业门槛，然而大多数明星主播不具有带货的专业技能。对于明星而言，他们更多的是依靠自身持有的流量使货品得到关注，至于能否获得消费者的青睐还是未知。从粉丝到客户身份的转变要受到市场、价格、偏好等诸多因素的影响，一些不能真正满足消费者需求的商品是无法激发消费者的购买欲望的，也正是基于此，明星直播带货的效果才会大打折扣。

（六）提高网红主播素质

由于行业门槛低，主播素质良莠不齐，直播间内容监管滞后，有些主播以谈论娱乐圈八卦段子来吸引观众，还有一些美食主播以夸张的吃饭姿势来吸引观众。这些内容大量充斥在直播间中，内容质量低劣，观感不佳，甚至会对青少年造成不良影响。

二、未来发展趋势

（一）监管日益严格，行业也越来越规范

直播营销在 2020 年第一季度真正展现了其独特的营销优势，销售服务变得生动、直观且有趣，传播也更加及时、广泛，整个行业具有爆发力和感染力。但同时，直播营销行业的固有问题也都一一呈现出来了，如虚假宣传、无法保证商品质量等，这都直接影响了广大用户对直播营销的认知，也影响着直播营销行业的商业信誉。

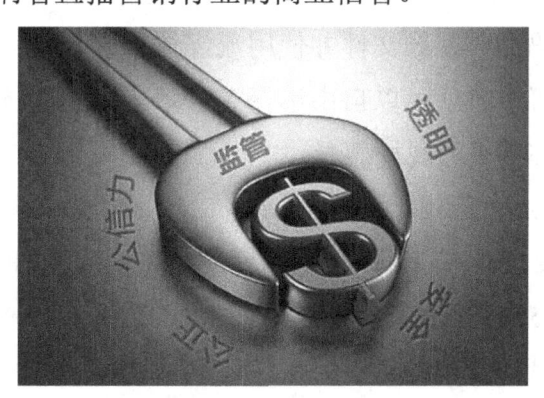

为了顺应市场的发展趋势，规范直播营销从业者的经营行为，满足用户对于保证商品质量的需求，多项直播营销行业规范标准相继出台。

2020 年 7 月 1 日，中国广告协会发布了《网络直播营销行为规范》（以下简称《规范》），该《规范》对直播营销活动中的各类角色及其行为进行了全面的定义和规范，其中，明确禁止"刷单"、篡改交易数据和用户评价等行为。

2020 年 7 月 6 日，中华人民共和国人力资源和社会保障部联合国家市场监督管理总局、国家统计局正式向社会发布包括"互联网营销师"在内的 9 个新职业。这意味着此后主播必须取得"互联网营销师"的相关资质才能从事直播带货活动。

2020 年 7 月，中国商业联合会媒体购物专业委员会牵头起草制定的《视频直播购物运营和服务基本规范》也正式实行，直播营销自此有了行业标准，直播领域也开始了一轮又一轮的洗牌。

不同于过去的营销方式，以直播带货为主要形式的直播营销，兼具营销和交易的双重属性，打破了原有的营销和交易"两元分割"的态势，这就导致过去已有的监管规则难以对其实行有效的监管。为了解决监管难题，2020年11月6日，国家市场监督管理总局发布了《关于加强网络直播营销活动监管的指导意见》，明确列举了《电子商务法》《消费者权益保护法》《反不正当竞争法》《产品质量法》《食品安全法》《广告法》《价格法》等法律规定可以查处的直播营销违法行为。例如，市场监管部门可用《反不正当竞争法》规制直播营销从业者对商品的性能、功能、质量、销售状况，以及用户评价、曾获荣誉等方面的虚假宣传。

可见，未来的直播营销将会越来越规范化，国家对于直播营销行业的监管也会越来越严格。

（二）新技术加持，进一步优化用户的在线场景体验

虚拟现实（Virtual Reality，VR）直播被认为是直播领域的发展趋势，它是指利用技术模拟一个三维空间，同时模拟用户在空间内的视觉、听觉、触觉等感官刺激，从而营造出身临其境的感觉。

VR直播是VR技术与直播技术结合的产物。通过使用VR摄像机或全景拍摄设备采集多角度的画面，实时对这些画面进行去重叠和拼接组合，生产出完整的VR视频内容。将拼接好的视频内容经过压缩编码形成视频文件并使用流媒体协议封装后，再实时推送至网络进行传输。这样，用户在观看直播时就可以自由选择观看角度，主动选择想观看的内容，从而获得沉浸式的观看体验及身临其境的现场感受。

近年来，VR直播已经逐渐应用于演唱会、发布会、体育赛事、热点新闻等场景。但是，由于VR直播对网络带宽要求较高，受限于网络带宽成本因素，VR直播暂时还没有被广泛应用到直播营销领域中。而5G（第五代移动通信技术）、千兆宽带网络及云计算的快速发展，为VR直播在直播营销领域的落地提供了可行性。从直播营销的角度看，融入了VR技术的直播营销，能为用户提供更好的场景化体验。例如，将VR直播应用于在线教育直播，可以让学习者更加真实地感受课堂气氛，更好地融入课堂教学氛围中；将VR直播应用于农产品的电商直播，可以带领用户"穿越"到原产地，"近距离"地感受农产品的种植环境；将VR直播应用于服饰品类的电商直播，可以实现360°的商品全景展示，让用户真正实现在家"逛街"。

（三）泡沫逐渐破裂，竞争回归商业本质

2020年，直播营销进入了快速爆发期，直播带货成为电商、短视频、直播平台的基本配置。不管是各短视频平台，还是各电商平台，或者是各垂直直播平台，以及一些内容资讯平台，都在布局直播带货的赛道。

一方面，有资本布局的直播营销行业，通常使用的"获客利器"依然是低价和补贴。但也由于高频率的低价和资本补贴，致使各种促销活动不断，低价对用户的吸引力已经大

不如前。

另一方面，主播在直播营销活动中担任了"好物推荐官"的角色。观看优秀主播的直播，用户会逐渐卸下心理防备，进而了解和购买商品。然而，假货频现、主播人设崩塌，自然也导致用户对主播的信任度一再降低。

以上两个因素，致使用户通过直播进行购物的热情有所降低，供应商也不再轻易地就能拿到可观的利润，直播营销领域被资本堆积起来的泡沫，也在一点一点地破灭。泡沫破灭，直播营销将回归商业本质。用户进入直播间购物也会更加理性，会更关注自己的需求、商品的质量、主播和推荐商品的契合度等方面；而直播从业者之间的竞争，也将回归到专业度、团队信誉、个人品牌及商品质量、商品口碑等核心要素的竞争。

【任务反思】

1．你知道哪些主播的负面新闻？
2．你认为产生直播问题的主要原因是什么？
3．你对未来直播行业的看法是什么？
4．有人说直播是靠时代的红利发展起来的，为什么？

【项目小结】

网络直播的模式发展经历了秀场模式、游戏互动模式和移动带货模式三个阶段，而带货模式就是我们所说的"直播电商"。直播电商是电子商务的衍生模式，是在电子商务环境下使用直播媒介，以促进商品和服务的购买与销售的一种商务模式。区别于传统电商，直播电商以人为本，有实时性、针对性、交互性等特性。

直播电商的发展，给企业带来另一种经营品牌的路径。一方面，借助直播，企业可以通过经营直播的主播人设，达成粉丝积累和产品销售转化，进而实现品牌的建设；另一方面，直播电商通过缩短供应链的方式来减少中间环节和渠道成本，通过主播直接触达消费者的方式来与消费者进行沟通，以有效提升企业的渠道效率。而随着直播的发展，各种问题也逐渐显现了出来，如商品质量、主播素质问题等，都值得我们关注。

【项目测试】

1．网络直播的发展历程是什么？
2．直播电商的特性是什么？
3．如何理解直播电商的本质？
4．直播电商的商业价值是什么？
5．直播电商的产业链由什么构成？

【项目实训与评价】

项目实训工作页

项目名称		实训项目一 直播电商概述与认知		
任务名称		服装直播行业调研		
任务用时		90 分钟	实训地点	电商实训室
任务下达	1. 实训目标 （1）掌握直播电商的调查分析方法。 （2）理解直播电商行业发展前景。 （3）掌握直播电商的产业链结构。 2. 实训内容 结合本项目内容，选择你熟悉的几个不同品牌的服装直播主播，分别完成其背景的调研，并为其规划产业链结构。 3. 实训要求 （1）需要有完整的直播主播不同阶段的发展情况。 （2）选择 5 款适合该主播的产品、产业链结构和渠道。 （3）命名规范：任务名称+时间+姓名（或学号）。 （4）提交 Excel 文件。			
资源收集记录	1. 任务资源 2. 资源收集			
计划与实施	1. 任务设计分析 该任务以服装行业调研为主，要求报告有品牌的基本介绍，直播的盈利方式，"网红"主播的介绍，直播发展的情况等相关内容；并可以根据不同品牌的不同产品选择设计对应的产业链。 2. 实施计划 3. 实施要点与关键数据记录			
总结评价与反馈	1. 总结反思 2. 自我测评 3. 教师点评			
学习拓展				

项目实训（综合评价表）

评价项目	评价内容	评价标准	评价方式		
			自我评价	小组评价	教师评价
职业素养	安全意识 责任意识	A．作风严谨、自觉遵章守纪、出色地完成工作任务 B．能够遵守规章制度、较好地完成工作任务 C．遵守规章制度、没完成工作任务，或虽完成工作任务但未严格遵守规章制度 D．不遵守规章制度、没完成工作任务			
	学习态度 主动	A．积极参与教学活动，全勤 B．缺勤达本任务总学时的10% C．缺勤达本任务总学时的20% D．缺勤达本任务总学时的30%			
	团队合作 意识	A．与同学协作融洽、团队合作意识强 B．与同学能沟通、协同工作能力较强 C．与同学能沟通、协同工作能力一般 D．与同学沟通困难、协同工作能力较差			
专业能力	实训任务1	A．实训任务评价成绩为90～100分 B．实训任务评价成绩为75～89分 C．实训任务评价成绩为60～74分 D．实训任务评价成绩为0～59分			
创新能力		学习过程中提出具有创新性、可行性的建议	加分奖励		
学生姓名			综合评价等级		
指导教师			日期		

项目二

直播电商策划与筹备

【学习目标】

1. 了解直播电商的工作流程。
2. 掌握直播电商的策划和执行。
3. 掌握直播电商的脚本撰写。
4. 掌握直播电商的前期准备工作。

引例

> "跨年e点到，点到送祝福"
> ——首农点到网优品跨年大型直播活动顺利举办
>
> 2021年年末，京粮电商联手集团内兄弟企业并特邀北汽等联手推出"跨年e点到，点到送祝福"——首农点到网优品跨年大型直播活动。利用跨年这个特别的日子，京粮电商通过点到网直播平台开展集团内品牌及产品的营销推广。本次活动联合首农食品集团旗下"三元""古船""大红门""摩奇"等品牌企业，以及国内知名的数家企业共计30余种产品，运用现场直播及第三方远程直播连线等多种直播技术，在进行产品特性和宣传推介的基础上，以超强优惠力度上线销售，如1元秒杀、半价包邮、直播间红包雨、现金红包、实物抽奖、2022终极大奖等方式，为广大消费者带来跨年的惊喜，传递首农食品集团"守护美好生活"理念，加强对集团品牌产品和点到网平台的进一步认知，让消费者尽享优质、优惠、优选的首农食品。本场直播观看人数达1.7万余人。
>
> 本次直播活动，我们首次携手北汽集团旗下的i北汽平台。i北汽作为北汽集团旗下的综合性汽车服务平台，专注于为用户提供一站式看车、选车、购车、用车、玩车、旅游、

购物等超级车生活与泛出行解决方案，让每个用户享受美好的、自由的、有趣的出行生活体验。通过此次联合直播合作，有效对接、互动了国资系统内各大集团企业，打通了双方客户及员工群体，取得了良好的效果。

思考：1. 直播电商的工作流程是什么？
　　　2. 企业的这次直播活动安排了哪些福利？

任务一　直播电商的工作流程

完成一场成功的电商直播，并非只是主播对着镜头侃侃而谈，镜头前光鲜亮丽的主播背后，项目负责人、文案写作策划、直播运营、场控、助播等都是不可或缺的。本任务我们将从直播电商的工作流程，来解读直播电商带货，以保障直播营销活动能顺畅进行，确保每一场直播的有效性。

直播电商的工作流程主要包括 5 个环节，分别是确立方向、前期准备、开始直播、复盘总结。（如图 2-1 所示）

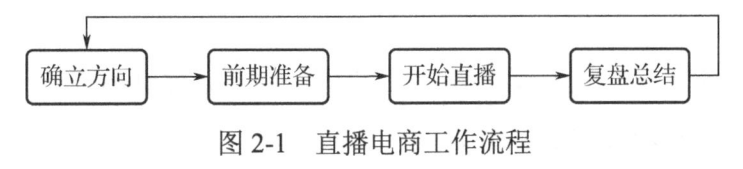

确立方向 → 前期准备 → 开始直播 → 复盘总结

图 2-1　直播电商工作流程

一、确立方向

直播电商的第一个工作环节是确立思路。只有确立一个明确的直播方向，才能保证直播活动有目的、有针对性地顺畅进行。确立直播方向，包括以下 3 个部分。

1. 确立直播目的

每一次开展的直播活动，都要有一个明确的直播目的，随着直播目的的不同，我们的直播策略、直播方案的制订、直播脚本的撰写也会有所差异。因此，确立方向，直播团队首先需要明确直播目的，并对目的进行分析。直播目的有品牌宣传、活动造势、产品促销等。

2. 确立直播模式

一般情况下，直播的开展模式主要分为专场模式和混合模式。

（1）专场模式

专场模式即供应商包场，整场直播所推荐的商品都是一家供应商提供的，可以是同品牌商品，也可以是一家供应商旗下的多品牌商品。对于供应商来说，专场模式的合作费用比较高，但产生的营销效果比较好。

（2）混合模式

混合模式即主播在同一场直播中推荐多家供应商的商品。对于供应商来说，这种模式的合作费用较低，但营销效果相对来说不及专场模式。

3．确立方案策划

一份完整的直播电商方案大纲包含以下内容。

（1）明确直播营销目标，因此要提前分析市场的现状。然后要确立目标，明确、科学、具体的目标可以让我们的直播更为有效，包括明确直播需要实现的目标、期望吸引的用户人数等。

（2）直播介绍，以产品为主导，要对直播的整体思路进行简要的描述，包括直播的产品、直播的形式、直播平台、直播特点、直播主题等。

（3）人员配置，对直播运营团队中的人员进行分组，明确各人员的职责，各司其职。

（4）时间调控，明确直播中各个时间节点，包括直播前期筹备的时间点、宣传预热的时间点、直播开始的时间点、直播结束的时间点等。

（5）直播预算，说明整场直播活动的预算情况，包括直播中各个环节的预算，以合理控制和协调预算。

二、前期准备

直播电商的第二个工作环节是前期准备。准备充分了才能井然有序地开展直播活动。前期准备包括人物要素、物料要素、场景要素、其他要素。

1．人物要素

人物要素主要包括主播和助理，以及相关工作人员。大家配合默契、共同参与，才会输出高质量的直播内容。

2．物料要素

物料要素主要包括直播样品及相关辅助物料。在开播前，要联系供应商提前将样品寄给主播，让主播提前了解产品的功能、材质、外观、型号、款式等，并准备相关的辅助工具。

3．场景要素

场景要素主要包括实体场景要素与虚拟场景要素。实体场景要素指的是直播间的布置与设备的准备，我们需要对直播间进行设计布置。直播间主要是场地和设备的准备，要先确定直播场地是室内还是户外，然后再进行布置。直播设备主要分为硬件设备和软件设备，如镜头的位置、灯光的高度、话筒的声音、直播软件的安装等。虚拟场景要素一般指付费购买一定的流量来提升人气，搭建起一个人气火爆的虚拟环境。

4．其他要素

其他要素主要是指为直播全程提供的相关保障。开播前需要测试网速，检查设备是否工作正常，降低失误率，应对直播中出现的突发情况，确保直播无误，等等。

三、开始直播

直播电商的第三个工作环节是开始直播。为了达到设定好的直播目的，直播团队需要按照策划方案、直播脚本，将直播开场、直播推荐、直播收尾3个环节顺畅地推进。同时，要实时关注直播进程，安排专人记录粉丝需求，对相关利益点进行实时调整，确保直播的顺利完成。

在直播结束后需进行后期传播，还应该将我们的直播中涉及的精彩片段，包括图片、文字、视频等。在全网的各大平台，如抖音、快手、微信公众号、微博、头条等相关联的自媒体平台继续传播，进行二次宣传，让直播的效果达到最优化，让品牌宣传达到最大化，进一步提升销量。

四、复盘总结

直播电商的复盘总结是直播电商工作流程的最后一步，直播结束后，直播团队需要进行复盘总结，每一次直播营销结束后的总结与复盘，都可以作为直播团队的整体经验，为下一次直播营销提供优化依据或策划参考。复盘总结主要参考4个数据指标。

1．直播整体数据

直播全流程结束后，我们进行复盘总结时，需要分析的数据包括直播间累计观看人数、累计商品点击量、累计订单量与成交额、累计优惠券使用量等。

2．流量来源数据

流量来源主要包括直播平台推荐、店铺、关注、微淘、分享回流、开播推送等。

3．粉丝数据

粉丝数据主要包括粉丝人均观看时长、观看指数、新增粉丝量等。

4．商品数据

商品数据主要指商品点击数据与商品的销售数据。

【任务反思】

1．直播电商的工作流程有几步？分别是什么？

2．直播电商的模式分为哪些？

3．在一场直播活动结束后，还需要做哪些工作？

任务二　直播电商的方案策划与执行

在直播开始之前，需要根据此次直播确立的方向，策划出一份完整的直播方案，并且依据方案开始执行，开展直播活动，达到直播目标。本任务内容主要包括直播方案的策划、直播方案的执行。

一、直播方案的策划

在进行一场直播活动时，首先需要有一个直播的整体思路。团队需要对这个思路进行细化，明确以下6个要点。

1．直播目标

我们在制订直播目标时，可借鉴管理大师彼得·德鲁克（Peter Drucker）的SMART原则，这其中有5个基本的原则。

① 目标必须是具体的。我们的目标必须是具体的、可量化的，例如，关注量增加5000次，粉丝增加500人，销售额5万元，而不是增加影响力、增加品牌知名度这样宽泛的目标。

② 目标必须是可以衡量的。我们直播的效果是可以用数量统计的，例如，直播时长2小时，推荐5款商品，共成交1000个订单；而不是直播2小时，推荐几款商品，成交的订单量非常大。

③ 目标必须是可以达到的。我们制订目标时要符合实际调研情况，目标过高，无法实现，使团队士气低迷；目标过低，无法展示出团队的最大实力。例如，首次开播销量100单，二次开播目标销量10000单，显然，这样的目标几乎无法实现。所以，制订的目标要经过合理的调研分析得出，符合我们的预期，同时是可以达到的。

④ 目标必须和其他目标具有相关性。我们的直播活动要和账号旗下的其他平台相关。例如，通过抖音直播，我们的微博粉丝量、微信视频号粉丝数量、淘宝店铺收藏量增加多少。

⑤ 目标必须具有明确的截止期限，指直播前、直播中、直播后的具体时间计划。一般来说，我们的直播结束，销量影响最大的是当天，传播和发酵的时间一般不超过一周。而我们制订目标时可以从开播算起，一周的销量达到2万单，这就是一个具体明确的截止期限的目标。

2．直播时间

在进行直播方案策划中，直播的时间非常关键，关乎直播的整体节奏与进度，这里我们的时间要具体到哪一天。如表2-1所示，展示的是单场4小时的直播时间计划表。

表 2-1 直播时间计划表

时　间	具体内容	时间要求
开播前	确定直播时间、主题、平台	开播前 1 周
	确定直播商品、道具	开播前 3 天
	确定直播模式	开播前 3 周
	确保直播间布置、设备调试正常	开播前 1 天
	确定人员分工	开播前 1 周
	发布直播预告	开播前 3 天
	发布引流短视频	开播前 3 天
	熟悉直播脚本	开播前 1~2 天
	到达直播现场	开播前 3 小时
	测试直播间硬件与软件环境	开播前 1~2 小时
	所有直播分工人员就位	开播前 0.5 小时
开播中	直播预热	30 分钟
	活动剧透	20 分钟
	上架商品	开播 30 分钟后
	暖场互动	20 分钟
	抽奖福利	30 分钟
	商品介绍	2~4 小时（根据实际情况调整）
	粉丝反馈	2~4 小时（根据实际情况调整）
	下期预告	下播前 15 分钟
开播后	清点产品、整理道具	下播后 5 分钟
	后期传播	直播后 24 小时内
	数据复盘	直播后 4 小时内
	整改措施	直播后 24 小时内

3．直播主题

做好直播电商的第三步，就是选好直播的主题。一个引人瞩目的优秀主题是广泛宣传直播不可或缺的因素，因此如何确立直播主题，吸引用户观看是直播中最关键的一个步骤。俗话说，"好的开头是成功的一半"，选好直播的主题也是如此。

（1）从直播目的切入，要符合我们的整体要求

企业要明确直播的目的，是单纯营销还是提升知名度？如果企业只是想要提高销售量，就将直播主题指向卖货的方向，吸引用户立刻购买；如果企业的目的是通过直播提升企业知名度和品牌影响力，那么直播的主题就要策划得宽泛一些，最重要的是要具有深远的意义。

直播的目的大致可以分为 3 种类型，分别是短期直播、持久性直播和提升知名度直播。

表 2-2 直播目的类型及特点

直播目的的类型	短期直播	持久性直播	提升知名度直播
特点	偶尔直播、用户分散不稳定、具有灵活性	长期卖货、用户稳定、具有长远性	热度高、单场直播吸引忠实粉丝
举例说明	×××品牌产品全场8折	如何选择适合自己的化妆包	×××品牌新品发布会直播

下面重点介绍持久性直播主题的策划。对于持久性营销而言，其直播目的在于通过直播平台持久卖货，获得比较稳定的用户。所以，持有这类直播目的的直播主题应该也具备长远性的特点。

策划直播的主题应该从自身产品的特点出发，根据其他同类型店家的特点突出自己的优势，或者在直播时给用户讲解一些实用的知识和技巧。这样一来，用户就会对店家产生好感，甚至可能成为店家的铁杆粉丝。

例如，淘宝直播一个专门销售各种生活用品的商家。在这个商家的直播中，不仅有产品的展示，而且还会告诉用户怎样选择适合自己的产品，让用户感觉购物的同时还学到了不少有用的知识。

店家在直播中推送的化妆包，所带的标题是也有技巧性的——"如何选择适合自己的化妆包？"，很多女性用户看到这个标题就会觉得很实用，掌握了用户的消费心理的同时，拉近用户与店家的距离。

（2）从用户角度切入，迎合其口味

现如今的市场是一个"用户为王"的时代，在服务行业有一句经典的话叫作"每一位顾客都是上帝"，在直播行业也是如此，因为他们决定了直播的热度。没有人气的直播是无法经营并维持下去的。因此，直播主题的策划应以用户为主，从用户角度出发。

从用户角度介入，最重要的是了解用户究竟喜欢什么、对什么感兴趣。有些直播为什么会火？用户为什么会去看，原因就在于那些直播迎合了用户的口味。

现在关于潮流和美妆的直播比较受欢迎，因为直播的受众大多都是年轻群体，对于时尚有自己独特的追求，比如"清新夏日，甜美时尚减龄""小短腿的逆袭之路""微胖女孩儿的搭配小技巧"等主题都是用户群体较多的。而关于美妆的直播，更是受到广大女性用户的热烈追捧。

那我们在一场直播开始前策划时，如何从用户角度切入呢，需要掌握以下三点：

① 引起用户情感共鸣。
② 选择用户喜爱的话题。
③ 让用户投票选主题。

例如，淘宝直播有一个专门讲微胖女生穿搭技巧的主播。在直播中，主播亲自试穿不同的服装，为用户展现如何利用服装搭配的技巧来掩盖身材的缺陷，如果用户觉得主播试穿的衣服也适合自己的话，就可以点击相关链接直接购买。

美妆直播也是如此。除此之外，各种新鲜热点、猎奇心理等主题也能激发用户的兴趣，企业需要从身边的事情挖掘，同时多关注那些成功的直播是怎么做的，才能策划出一个完美的主题。

当然，用户自己投票选择主题也是体现从用户角度介入的一个点。一般模式的直播都是供应商决定主题，然后主播把内容呈现给用户。而如果想迎合用户的喜好的话，企业就要准备好打一场无准备之仗，完全按照用户的意愿来，同时主播要随机应变，积极调动用户的参与热情。投票的另一种方法就是直播之前投票，比如平台方可以在微信公众号、微博等社交软件发起投票活动，让用户选择自己喜爱的主题。

（3）抓住时代热点，注意直播的实效性

在互联网发展得无比迅速的时代，热点就代表了流量，因此及时抓住时代热点是做营销的不二选择。在这一点上，企业要做的就是抢占先机，迅速出击。

在服装企业中，设计师想要设计出一款引领潮流的服装，那他就要对时尚热点有敏锐眼光和洞察力。确立直播主题也是如此，一定要时刻注意市场趋势的变化，特别是社会热点所在，当然，迎合热点的同时要坚守住"底线"。

例如，奥运会就是一个大热点。各大小企业纷纷抓住这个热点，将自己的产品与奥运会联系在一起，利用"奥运"的热点推销产品。比如，中国运动员在卧室撑起的蚊帐，吸引了不少外国人的注意，因为大多数欧美地区没有使用过蚊帐，因此中国的蚊帐瞬间就火了。

4．直播平台

随着直播带货兴起，淘宝、京东、拼多多、快手、抖音等平台都在大力推动直播的发展。不同的直播平台拥有不同的风格，主要表现为带货品类、目标用户和转化效率等方面的不同。品牌方或商家入驻平台时，需要科学评估各个平台，找到适合自己的平台，例如中小型企业可以选择多元化的平台，合适的平台对商家的直播助力颇多。除了要关注平台的风格调性，还要关注平台的流量入口。在竞争日益激烈的直播环境中，流量是第一竞争力，流量入口是决定流量大小的关键。商家在关注流量入口的同时，还要关注平台的算法、推荐机制、首页曝光度、流量倾斜政策等。另外，还要积极参加平台打榜活动，获取更多的流量资源。

5．人员岗位分工

在直播电商的活动中，人员的合理分工、各司其职，可使直播达到高效流畅的效果。

按照企业电商直播的岗位来划分，有运营、场控、主播、助理、技术、客服这六个岗位类型。

运营主要负责策划直播内容，协调直播团队和其他部门的工作。

场控主要是执行运营的策划方案，在运营和主播之间进行协调。

主播和助理是直播的终端执行方，他们的工作内容是展示产品和观众进行互动，这里要补充的一点是执行方除在执行工作以外，还要有一个反馈动作，因为所有的工作执行完了以后必须要做一个复盘，这样才能达到一个二次优化和提升的效果。

（1）直播运营岗位职责

直播运营的职责主要分为：①规划正常直播的内容，确定这场直播的主题，是日常直播还是官方活动直播，根据主题匹配货品和利益点，还要规划好开播的时间段、流量和流量的来源、直播的玩法等。②团队协调工作，其中包含着外部协调，比如说封面图的拍摄、设计制图、产品抽样、奖品发放、仓库部门的协调等；还有就是内部协调，包括协调直播人员的关系情绪、直播时间及调节直播期间出现的问题等。③复盘工作，复盘是在工作执行完成以后，先要根据部门人员配合的表现再加上消费者数据上的反馈，针对前期制订的方案和目标进行详细的数据复盘，给出一个合理的总结和建议。

（2）直播场控岗位职责

在技术人员调试好设备后，场控需要在开播前进行相关的软硬件调试。

开播后，场控要负责好中控台所有相关的后台操作，主要分为：①直播推送、公告、上架商品等。②数据监测，包括监测实时在线人数峰值、商品点击率等，有异常的要反馈给直播运营。③指令的接收及传达，比如说直播运营有传达的信息，场控就要及时传达给主播和助理，让他们告诉观众。

（3）直播助理岗位职责

直播助理这个岗位比较偏向辅助型。开播前需要确认货品、样品及道具的准备是否就位。开播进行过程中要配合场控去协调主播，辅助主播在观看人数比较多的时候进行互动答疑、货品讲解及货品整理等工作。

（4）主播岗位职责

在开播前主播要对整场直播的节奏、产品特性、脚本、利益点等做到最大限度的熟悉。只有这样在开播之后对产品的介绍才能达到相对流畅的水平，个人转化能力才能提升。在直播进行的过程中，主播需要注意活跃直播间的气氛、做好粉丝的答疑和粉丝之间的互动、引导新粉的关注、时刻注意自己在镜头前的表现。下播之后在店铺的其他渠道透出，同样也是很重要的，比如店铺主图、店铺首页海报、店铺群等。此外，主播需要提升个人的曝光度，增强IP塑造，这样可以有效增加粉丝的黏性。

（5）客服岗位职责

直播电商客服相比传统的电商客服专业素质要求更高。其职责主要分为：①需要在直播期间用心为每一位用户解答和处理反馈的问题。②积极沟通并维护好粉丝关系，配合相关部门完成促销等临时事项，跟踪记录客户的问题，反馈到相关部门并跟进结果，提出优化建议。③负责主播直播间的日常维护与数据分析。④通过后台及客户端监控平台运行状态、维护平台的政策秩序。直播结束后参与数据复盘。

指标完成率、咨询转化率、下单成功率、客单价、回复率、响应时间、差评率、重要任务完成情况，都是对直播电商客服的重要考核指标。

（6）技术人员岗位职责

在直播活动中，技术人员需要了解直播流程，掌握所需技术。其职责主要分为：①负责新媒体网络直播系统的技术保障。②负责直播操作，直播设备的调试、维护和更新工作，能够快速处理直播间发生的突发状况，保障直播过程的顺利进行。③根据需求制作直播方案，安排直播设备与人员分工。④负责直播现场环境的搭建，拍摄现场灯光、布景的搭建等拍摄前期准备工作，执行视频或互动的工作。

6．直播活动预算

每场直播活动都会涉及预算，包括整体预算情况、各环节的预算情况，需要直播团队在直播方案中进行简要描述。

一般情况下，一场直播活动需要以下4个方面的费用投入。

（1）基础投入

手机、计算机、摄像机、话筒等直播硬件费用，直播间装饰费用，直播团队的薪酬，直播场地的租赁费用，直播平台店铺的开店费用。

（2）现场福利活动

现场福利以发放红包、优惠券、实物礼品为主，如关注领红包，抽奖得红包、优惠券、实物礼品等。

（3）前期宣传活动

各个宣传渠道的引流费用、宣传物料的制作费用等。

（4）后期宣传活动

各个渠道的维护费用、推广费用，以及宣传物料制作费用等。

当某个项目组可能出现预算超支的情况时，需要提前告知相关负责人，便于及时调整。

二、直播方案的执行

直播团队把大家的想法、内容细化后，形成一份完整的直播方案，直播方案是否能有条理地执行是直播顺利开展的重要因素之一。

我们可参考下面的工作进程表，时间节点安排必须精确到具体的哪一天、哪一刻（见表2-3），来提高我们的工作效率。该进度表应在直播一周之前完成，对未完成的要备注具体情况，并实时跟进，直至一场直播完整结束后存档保存，供后期分析借鉴。

表2-3　工作进度表

进　度	具体内容	时间节点安排	备　注	是/否完成
开播前	确定直播时间	2023/10/1 10：00—18：00 19：00—22：00	2场	是
	确定直播商品			

续表

进　　度	具体内容	时间节点安排	备　　注	是/否完成
开播前	确定直播道具			
	确定直播流程			
	确定直播模式			
	确定直播主题			
	确定直播平台			
	确定直播间布置			
	确定人员分工			
	确定直播间设备调试正常			
	发布直播预告			
	撰写直播脚本			
开播中	直播引流			
	直播预热			
	上架商品			
	暖场互动			
	抽奖福利			
	商品介绍			
	粉丝反馈			
	下期预告			
开播后	清点产品、整理道具			
	整理直播间			
	制作精彩直播片段			
	制作图文宣传内容			
	后期传播二次宣传			
	数据复盘			
	整改措施			

【任务反思】

1．直播方案策划的要点有几个？请简述每个要点的内容？

2．如何选择一个好的直播主题，需要把握哪些要点？

3．在一场直播活动中，人员岗位应该如何分工，他们的具体职责是什么？

任务三　直播电商的脚本撰写

直播脚本可以理解为直播的剧本，其中包括直播的工作框架，可以规范化、流程化地指导直播有序进行。在直播过程中，主播根据脚本的内容，介绍产品时可以更好地突出重点，把握好卖点，严格把控时间，否则就可能出现时间控制不当，产品介绍不清楚或剩余时间过多等一系列问题。

通常来说，直播带货脚本可以分为整场脚本和单品脚本。整场脚本就是以整场直播为单位，规范正常直播节奏流程和内容。整场脚本框架包括直播主题、直播日期、直播时间和直播目标，以及定好各个岗位的分工内容，包括直播的前、中、后主播要做什么工作，目的是什么，配合什么样的福利，开场话术，互动话术，结束话术等内容。

无论是整场脚本还是单品脚本，撰写时必须注意三大事项：

第一，脚本必须符合主播的个性，根据主播的意愿来制订；

第二，脚本要展现品牌理念、产品特色、使用方法和背景故事；

第三，脚本必须突出利益点，给直播间粉丝一些专属权益，刺激粉丝产生购买的欲望。

一、整场脚本撰写

在进行整场脚本撰写时，要结合直播主题、目标、时间、人员分工等内容，规划好每一款商品的推荐时长。此外，除去规划好的时间及浮动的时间，还要留有时间供主播临场发挥，以及对粉丝实时提问进行反馈。这就需要我们对每一个环节都细化出来，并且精确到每一分钟。表2-4为整场脚本的示例，供大家参考学习。

表2-4 整场脚本示例

节奏	时段	流程	主播	助理	场控、客服、技术	活动安排
开场	14：00—14：03	开播预热	打招呼、团队介绍、粉丝互动、快速积累新粉丝	简单介绍、引导点赞	推送信息、开播通知、多平台推送	点赞—互动
	14：04—14：10	暖场互动	介绍福袋领取规则	演示参与方法、引导关注、点赞、公布福袋领取用户	多平台推送开播信息、收集福袋领取用户信息	福袋—互动
	14：11—14：15	活动预告	预告今日商品、福利优惠力度	引导关注、点赞	—	—
	14：16—14：20	抽奖活动	介绍抽奖活动规则和奖品	演示参与方法、公布获奖用户	收集获奖用户信息	抽奖—互动
	14：21—14：30	介绍引流商品	介绍商品（价格、使用方法、经验分享）、优惠券	辅助介绍、演示优惠券领取方法、引导用户下单	上架商品、关注评论区信息及回复订单提问	优惠券—成交
前场	14：31—14：50	介绍爆款商品1	介绍商品（市场价格、直播间价格、使用方法、经验分享）	辅助介绍、引导用户下单	上架商品、关注评论区信息及回复订单提问	—

续表

节奏	时段	流程	主播	助理	场控、客服、技术	活动安排
前场	14:51—15:10	介绍秒杀商品	介绍商品（价格、使用方法、经验分享）	辅助介绍、引导用户下单	上架商品、关注评论区信息及回复订单提问	秒杀—成交
前场	15:11—15:30	介绍爆款商品2	介绍商品（市场价格、直播间价格、使用方法、经验分享）	辅助介绍、引导用户下单	上架商品、关注评论区信息及回复订单提问	——
前场	15:31—15:50	介绍利润款商品	介绍商品（市场价格、直播间价格、使用方法、经验分享）	辅助介绍、引导用户下单	上架商品、关注评论区信息及回复订单提问	——
前场	15:51—16:00	抽奖活动	介绍抽奖活动规则和奖品	演示参与方法、公布获奖用户	收集获奖用户信息	抽奖—互动
中场	16:01—16:20	介绍爆款商品3	介绍商品（市场价格、直播间价格、使用方法、经验分享）	辅助介绍、引导用户下单	上架商品、关注评论区信息及回复订单提问	——
中场	16:21—16:40	介绍利润款商品	介绍商品（市场价格、直播间价格、使用方法、经验分享）	辅助介绍、引导用户下单	上架商品、关注评论区信息及回复订单提问	——
中场	16:41—17:00	介绍爆款商品4	介绍商品（市场价格、直播间价格、使用方法、经验分享）	辅助介绍、引导用户下单	上架商品、关注评论区信息及回复订单提问	——
中场	17:01—17:20	介绍利润款商品	介绍商品（市场价格、直播间价格、使用方法、经验分享）	辅助介绍、引导用户下单	上架商品、关注评论区信息及回复订单提问	——
收官	17:20—17:30	抽奖活动	介绍抽奖活动规则和奖品	演示参与方法、公布获奖用户	收集获奖用户信息	抽奖—互动
收官	17:31—17:40	情景带入	团队介绍、讲故事（主播经历、使用感受等）	辅助主播讲述	引导点赞、关注评论区信息及回复订单提问	——
收官	17:41—17:50	介绍利润款商品	介绍商品（市场价格、直播间价格、使用方法、经验分享）	辅助介绍、引导用户下单	上架商品、关注评论区信息及回复订单提问	感恩回馈福利（秒杀、赠送、优惠券等）—拉升销量
收官	17:51—18:00	下期预告	趣味首位、设置悬念、下期预告	引导关注直播间	关注评论区信息及回复订单提问	——

为了更好地把控直播节奏，在具体直播活动中，可根据粉丝互动及观众反应，运营及时调整直播节奏，轻微调整时间，适当穿插福利活动，保证直播间人气流量持续稳定。另外，直播间的转化来自用户的信任和需求，因此在设计话术时要严格按照步骤：第一，提出痛点；第二，输出卖点；第三，提升价值、促销转化（见表2-5）。对于话术部分在上表中可简略呈现，另外还需单独制作简单易懂的直播电商产品话术脚本（见表2-6）。在撰写直播电商产品话术脚本时，要根据产品引出的话术，做一个全面的总结。写脚本一定要写得非常详细，就算主播对产品不是很熟悉，也照样可以按照脚本在直播时把产品介绍得很清楚，后续在介绍其他产品时，主播也能很容易通过自己的话术进行延展，关于直播电商产品话术设计部分我们在项目三专门讲解。

表2-5 话术形成表

话术形成步骤	第一步：提出痛点	第二步：输出卖点	第三步：提升价值、促销转化
话术示例	宝妈们，咱们之前肯定用过婴儿车，之前那种婴儿车很重，非常不方便，尤其我们力气小的，根本弄不起来，再有我们去个饭店，需要给孩子放到座位上，车子没有地方放	今天我们带来的这款婴儿车，它最大的特点就是一键折叠，我们出去溜达，去个咖啡馆、饭店，可以很方便地折叠起来，不会影响别人	刚才咱们说了，世界那么大，想要带着宝宝一起去看看，那么我们这款婴儿车不管是你想在家里楼下小区花园遛个弯儿，还是出门远途的旅行都是非常方便的，一键折叠甚至都不用弯腰，完成折叠之后这款婴儿推车体积小可以带上飞机，而且重量轻，宝妈也可以独立完成折叠。今天我们给到大家福利的价格，保证大家满意

表2-6 直播电商产品话术脚本

话 术 脚 本		
时 段	流 程	话 术
14：00—14：03	开播预热	家人们……
14：04—14：10	暖场互动	……
14：11—14：15	活动预告	……
14：16—14：20	抽奖活动	……
……	……	……

二、单品的脚本撰写

单品脚本顾名思义就是针对产品的脚本，单品脚本内容一般包括产品品牌介绍、产品卖点介绍、利益点强调、促销活动、直播间的各种话术等。在一场直播中，主播需要推荐多款商品，所以单品直播电商的脚本需要更加详细的信息，表2-7是单品直播脚本示例。

单品的脚本设计可以突出品牌的包装、产品的卖点、利益的引导这三个部分。关于品牌包装这部分，有品牌的产品总比没品牌的更好售卖，所以对于小品牌的产品通过讲故事来进行包装。例如，这款椅子是品牌创始人某某某，历时十年遍访全国设计名家，调研了五万份办公人群的坐姿，最终与某某大师合作成功研发出这一款符合人机工学的办公椅。当然，这里讲品牌故事的前提是要诚信宣传，不可随意虚构。如果某款产品没有故事，那么品牌背后的理念、价值观等是一定有的，都可以作为产品的一种包装。

表 2-7 单品直播脚本示例

			年___月___日 直播单品脚本示例					
序号	产品名称	产品图片	品牌信息	品牌介绍	卖点介绍	使用场景、使用经验	市场价	直播间售价	优惠力度
1	引流款商品	产品图	品牌名称	品牌故事、理念、价值观	核心卖点（例如：性价比等）				利益引导（例如：包邮、打折、满减、满送、秒杀……）
2	爆款商品								
3	利润款商品								
4	秒杀款或者"活动款"商品								
5	利润款商品								

产品卖点介绍部分需要注意除了突出核心卖点，还可以跟竞品进行比较，卖点不需要太多，没有哪一款产品能解决所有人的需求，但核心卖点要让人眼前一亮，比如这款产品性价比超高等。

【任务反思】

1. 观看一场"带货"直播，从直播中记录下来主播介绍产品时，分别从哪几个方面介绍？

2. 观看一场"带货"直播，看看直播中分别安排了哪几种福利活动？

任务四　直播电商的前期准备工作

直播电商的前期准备工作，具体包括人物要素、货物要素、场景要素、其他要素的准备工作。

一、人物要素

人物要素指的就是拥有完整的运营团队，从其岗位来讲，一般包括运营、场控、主播及助理、技术、客服这六个岗位，共同组成完整的直播电商团队。

例如，淘宝直播是主播和店铺结合来完成的，包括店铺的装修、商品的运营、淘宝规则研究、24小时的客服团队、完善的客服体系、主播和助播，以及相关工作人员配合默契，共同参与，才会输出高质量的直播内容。

另外，运营好一个淘宝店铺，还是需要一个专门的团队体系。如抖音、快手等平台的直播，前提也是在短视频的基础上，所以对团队的内容策划能力有一定的要求。在直播中能够实时把控直播间的氛围，平台上的直播，直播间氛围一旦不对用户就可能会划走，而且很可能完全对这个直播间没有印象，也难有再次触达的机会。大家回想你们进入过的直播间，让大家有印象的一般不超过10个，停留时间5分钟以上的不超过5个。所以还是一定需要把控好直播间节奏，并且引导用户关注。

二、物料要素

物料要素包括直播样品及相关辅助物料。

对于直播样品，在开播前要联系供应商提前将样品寄给主播，让主播提前了解产品的功能、材质、外观、型号、款式等，并准备相关的辅助物料。

辅助物料包括素材的准备及直播道具的准备。

1．素材的准备

（1）直播封面图

直播封面图是影响直播间打开率的重要因素，直播封面图设计要遵守平台规则，不能为了吸引粉丝而违规操作。

（2）直播标签

直播标签的设置是为了提高直播间流量的精准性，吸引更多的目标用户，所以，直播标签的设置要注意结合商家特点来设置。

（3）直播标题

直播标题的设置要尽可能地简洁明了，给目标用户留下深刻的印象，避免因字数过多，而无法全部展现给用户。

（4）水印

水印就像贴纸广告一样放置在直播画面。为了避免干扰主播直播，水印通常位于画面角落，添加文字或图片将关键信息呈现给直播间观众。

2．直播道具

（1）直播手牌

直播间手牌可以提升直播氛围，牌面内容一般为卖点、价格等关键信息，手牌的设计一般不需要太大，20~30厘米即可，方便助理举牌介绍。手举牌对于信息的传递高于主播口播传输，更有利于吸引消费者下单购买。

（2）小白板

小白板的作用是在直播过程中强化和填补信息。主播在进行产品介绍时，助理可实时地把关键信息写在白板上，方便消费者观看。还可以用来展示商品的优惠活动和价格优势，建议展示板上的文字用醒目的颜色来标示，字体越大越好。

（3）计算器、倒计时器

在直播卖货时，主播经常会以打折的方式来促进消费者下单，与单纯的口头表达相比，消费者更愿意相信计算器呈现的数字，如果计算器声音外放，会更有说服力。

直播卖货的优惠方式不仅仅有打折商品，还会有秒杀商品，这时候直播间出现一个倒计时，给消费者营造紧迫的气氛，更容易达成成交。

（4）手机支架

当主播使用手机直播时，可以利用手机支架来支撑话筒和手机，不仅可以进行角度调整，还可以实时观看粉丝的留言。

三、场景要素

在直播电商的场景要素中，细分可以分为实体场景与虚拟场景。

实体场景指的是直播间的布置与设备的准备，我们需要对直播间进行设计布置。直播间主要有场地和设备的准备，直播设备主要是硬件设备和软件设备。

虚拟场景指的是搭建一个虚拟的流量环境，这需要购买一定的流量，通过分销裂变来引流。不论是快手还是淘宝、抖音等平台，初期一定的流量投入和打榜成本，可以更快地获得流量，占据直播成长期的红利。所以不少企业都会投入很多资金，来扶持平台上自己店铺的成长，但是投入的成本和收入需要好好把控。

1. 直播间的布置

一般来说，我们根据产品来进行场地的选择，选择直播效果突出的场景更有益于产品的售卖。我们可以从生产场景、购买场景、使用场景三个方面切入。可以用星来代表直播效果，3颗星直播效果最好，2颗星其次，1颗星一般要选择直播效果最好的为场地，然后再进行布置。例如，农产品系列重在生产场景，最优的直播场地是在田间地头；家具百货等生活用品重使用场景，最优的直播场地在家庭中，这样才会让直播场景更真实、更具有说服力。

表 2-8 农产品直播场地效果表

项　　目	生 产 场 景	购 买 场 景	使 用 场 景
农产品	源生产地 （田间、农场……）	超市……	家、厨房……
直播效果	***	**	**

场地选择好后我们开始布置。

首先，进行主播背景的布置，直播场地的背景要求分为纯色背景、商品摆放背景、品牌logo背景、实际店铺背景等。

我们可根据直播的商品、品牌，按照下图 2-2 的示例进行背景的布置。

纯色背景　　　　商品摆放背景　　　品牌 logo 背景　　　实际店铺背景

图 2-2　背景布置示例

2．设备的准备

好的设备、最优的设备状态才能带给用户良好的体验，直播设备包括。

（1）摄像设备

摄像设备主要是手机和摄像头。

第一种情况是用手机来外出直播或应对预算不足的情况。手机是当前最受欢迎、最为方便的直播设备，主播外出直播带货或者新手主播预算不足大多使用手机来做直播。手机型号配置的不同，直播呈现的效果也不同。另外，建议主播准备两到三台手机来做直播，一部手机做直播，一部做互动，一部查直播数据。

第二种情况是用摄像头来做直播。专业且有经济实力的直播团队一般会选择高清摄像头直播，这是因为这种摄像头具备美颜，更有微调自动曝光等功能，而且还能更好地展示产品。

（2）麦克风

在电商直播时，主播想要更好的直播效果，可以选择电容麦克风。它能够让主播的声音更清晰地传播给观众，且不会听到直播杂音。

（3）补光灯

补光灯分为美颜补光灯和棚拍补光灯。美颜补光灯，顾名思义，就是让主播看起来更好看的设备，该设备小巧便携，而且还可以保证直播间光线充足，大多数具有冷暖光切换的功能，主播可根据实际直播视频效果切换，避免皮肤过白或过黄。

棚拍补光灯相对来说较为专业，大型直播或专业直播活动会选用，棚拍补光灯主要是用来展示商品的，让商品在展示时更加清晰地展示出细节和特点。不过购买价格略高，直播预算充足可选择购买。

此外，专业的棚拍补光灯的摆放布置也非常重要。合理地布置灯光能够有效提升主播的整体形象，展现商品或品牌的亮点，烘托直播间的氛围。可以采取主灯加辅助灯的布光模式——三灯布光法，也叫万能布光法，灯光摆放如图 2-3 所示，实景图如图 2-4 所示。

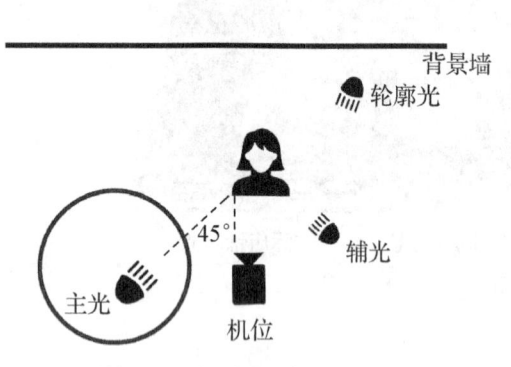

图 2-3　灯光摆放示意图　　　　　　　图 2-4　灯光摆放实景图

四、其他要素

其他要素，主要是指为直播全程提供保障。开播前需要测试网速，检查设备是否工作正常，降低失误率，应对直播中出现的突发情况，确保直播无误。

【任务反思】

1．观看一场"带货"直播，看看直播间由哪些人组成，他们是如何分工配合，进行"带货"的？

2．观看不同电商直播，看看不同的直播间售卖的产品是什么？直播间的设计有哪些区别？

【项目小结】

直播电商的策划与筹备，是直播电商的首要环节，至关重要。通过本项目的学习，了解直播电商的工作流程，可以更好地掌握直播电商的策划和执行，掌握直播电商的脚本撰写，掌握直播电商的前期准备工作。

在直播"带货"中，团队人员要合理分工，各司其职，互相协助，这就需要我们清楚各岗位的职责。另外，脚本是策划筹备环节的书面呈现，而直播间布置是策划筹备环节的实地呈现，直播间的环境布置留给用户的第一视觉会影响用户对直播活动的体验。直播间的设计风格一定要与主播的人设相吻合，与企业形象或品牌气质保持一致，这样能够加深用户印象，增加辨识度。容易让用户沉浸在直播的氛围中。直播"带货"不仅仅是销售产品，更是人设 IP 的打造，品牌文化的宣传。

【项目测试】

1. 直播电商的工作流程包括哪几个部分？
3. 直播电商中的人物要素有哪些？
2. 直播内容的物料要素有哪些？
4. 直播场地该如何选择？
5. 如何在直播间进行布光？

【项目实训与评价】

项目实训工作页

项目名称		实训项目二 直播电商策划与筹备		
任务名称		策划一场直播活动		
任务用时		90 分钟	实训地点	电商实训室
任务下达	1．实训目标 （1）掌握直播电商的前期准备工作内容。 （2）理解主播 IP 人设的意义与构建逻辑。 （3）掌握电商直播脚本的主要内容。 2．实训内容 结合本章内容，选择你所售卖的产品，并策划一场直播活动。 3．实训要求 （1）需要有完整的电商直播活动策划流程，包括直播脚本中的各项内容。 （2）选择了 3~5 款适合的产品，完成一场 120 分钟的直播"带货"活动。 （3）小组分工合作，选出一名当主播，并为其匹配相应的促销内容和推广渠道。 （4）命名规范：任务名称+时间+姓名（或学号）。 （5）提交 Excel 文件。			
资源收集记录	1．任务资源 2．资源收集			
计划与实施	1．任务设计分析 该任务以策划为主，需要进行组队，人员分工；按照直播电商工作流程，策划实施，撰写脚本，完成前期准备工作。 2．实施计划 3．实施要点与关键数据记录			

续表

总结评价与反馈	1. 总结反思 2. 自我测评 3. 教师点评
学习拓展	

项目实训（综合评价表）

评价项目	评价内容	评价标准	评价方式		
			自我评价	小组评价	教师评价
职业素养	安全意识 责任意识	A. 作风严谨、自觉遵章守纪、出色地完成工作任务 B. 能够遵守规章制度、较好地完成工作任务 C. 遵守规章制度、没完成工作任务，或虽完成工作任务但未严格遵守规章制度 D. 不遵守规章制度、没完成工作任务			
	学习态度主动	A. 积极参与教学活动，全勤 B. 缺勤达本任务总学时的10% C. 缺勤达本任务总学时的20% D. 缺勤达本任务总学时的30%			
	团队合作意识	A. 与同学协作融洽、团队合作意识强 B. 与同学能沟通、协同工作能力较强 C. 与同学能沟通、协同工作能力一般 D. 与同学沟通困难、协同工作能力较差			
专业能力	实训任务2 直播电商策划与筹备	A. 实训任务评价成绩为90~100分 B. 实训任务评价成绩为75~89分 C. 实训任务评价成绩为60~74分 D. 实训任务评价成绩为0~59分			
创新能力		学习过程中提出具有创新性、可行性的建议	加分奖励		
学生姓名			综合评价等级		
指导教师			日期		

项目三

直播电商策略与运营

【学习目标】

1. 了解直播商品的商品策略。
2. 理解直播商品的定价策略。
3. 了解直播电商团队的人员设置。
4. 掌握直播电商团队的组织框架。

引例

案例一：

某公司主营时装、化妆品类商品，"618 大促"即将到来，公司决定在 6 月 18 日这天进行直播带货活动，并讨论了 3 类商品的组合价格策略。

1. 高客单价大衣
① 价格对比：实体店 599 元一件（提前准备吊牌价照片）。
② 直播间活动：599 元=大衣+打底衫+墨镜+瘦腿打底裤。
③ 分析：直播前的产品组合很重要，给客户"超值"的感觉。

2. 卸妆水
① 价格对比：实体店 69 元/某宝同款 59 元。
② 直播间活动："39.9 元买一发二""49.9 元买一发二，额外送 10 个卸妆棉"。
③ 分析：49.9 元活动限前 5 名下单享受，必须关注主播并加入粉丝团。

3. 面霜
① 价格对比：实体店 99 元/某宝同款 59 元。

② 直播间活动："39.9元买一发二""49.9元买一发二，额外送2个护手霜"。

③ 分析：护手霜在直播过程中多次"种草"，主播自己试用。

同时，该公司还总结出3大类产品组合的搭配方式。

1. 服装类直播间

主播推荐某款风衣外套，但是有些客户不知道怎么搭配好看，怎么选择内搭及鞋之类的。这时候，主播可以帮助她组品，将多个产品搭配成一套时尚且好看的组合套餐，这样可以解决很多客户不会搭配的问题，不需要客户动脑去选择怎么搭配，进而提高了转化率。

2. 美妆、护肤类直播间

可以将"洁肤+护肤+彩妆+卸妆"等产品进行搭配，省去客户的思考成本，提升直播间的销量。

3. 母婴类直播间

根据宝宝的需要搭配套餐，将"奶粉+尿不湿+玩具"等组合成套餐，这样能将客户的必需消费变成冲动消费，提高商品的转化率。

通过上面的案例我们可以看出，想要提升整体客户消费水平，产品较单一或者客单价较低、品牌知名度不高时，可以选择产品组合搭配的方式进行售卖。因此直播前的产品组合策划很重要，这是企业运营前需要考虑的，企业不仅要给用户"种草"产品，还要给用户超值的感觉，最终通过定价策略（高性价比的价格）和产品试用（商品解读），双管齐下。

案例二：

随着直播行业的持续火爆，最近很多传统电商商家咨询关于开展电商直播的业务，并且收到了很多类似的问题，诸如："刚转型做直播，我一个人可以做吗？""准备组建一个直播团队，要几个人？怎么定薪资？""总是招不到主播该怎么办？"新手在做直播时，往往都会遇到上述的问题，那么到底该怎么组建一个直播带货团队并对其进行分工呢？

解析：

首先我们要先明白一个道理："一个人可以走得很快，一群人才能走得更远。"

做直播带货，没有团队，很难走得长远。但这个行业太新了，人才大多是跨行而来，所以很多新入局的老板，经常会遇到以下3个误区。

1. 把主播当成直播间的核心

很多老板觉得，在直播间里，需要靠主播讲解才能卖货，所以主播才是整个直播间里最重要的。但关于这个问题，我们可以换个角度去思考。例如，一个线下的服装卖场，导购是最重要的吗？除非主播自己就是老板，或者主播是IP达人，否则就不是团队的"灵魂人物"。一般来说，能够操持整个直播有效运营的才是关键人物。

2. 认为随便找几个人就能直播

特别是本身就有电商业务的老板，他们会天真地认为，从现有团队里抽几个人出来，就能做好直播。有的小老板，直接让行政或其他人员当主播，使一个运营身兼助播、客服、场控等多个角色。这样的团队其实非常脆弱，往往播不了几天就会出现不顺畅。

3. 认为自己一个人就能做起来

有人看到直播带货这么赚钱，心想自己一个人先做着，赚钱了再扩大团队。这样的试错，一般都是没有任何意义的。直播之间的竞争往往是全方位的，个人英雄主义，在直播带货这个领域，基本行不通。

另外，要组建一个专业的直播带货团队，只有合理地分工与协作，才能做好直播带货这件事。一般来说，除了老板和策划者，还需要有主播、运营、场控、拍剪、客服、选品、投放 7 个岗位。这 7 个岗位的分工如下。

① 主播：负责日常直播间的人设搭建、直播及短视频入镜拍摄。
② 运营：负责直播间的活动策划、直播脚本策划、直播中控台的上下架等。
③ 场控：负责配合主播引导直播间用户成交，同时在主播轮班时接替。
④ 拍剪：负责日常"带货"作品的脚本策划、拍摄与剪辑输出。
⑤ 客服：负责对日常直播的订单、物流进行处理，以及解答售前、售后问题。
⑥ 选品：负责对接日常直播间的选品，并协调样品、库存调动的事宜。
⑦ 投放：负责直播过程中的计划搭建、投放与数据优化。

思考： 1. 案例中直播电商采用的是什么定价策略？
2. 直播电商采用哪种组织结构可以迅速得到发展？

任务一　直播电商的商品策略

直播带货的三要素分别为"人、货、场"，这三个要素是影响直播间商品销量的关键因素。其中，"货"指的是直播中要推荐或挑选的商品。商品的选择和规划是直播营销的起点，要想提高直播间的订单转化率，主播一定要善于选品，合理规划商品的定价、结构、陈列、上架顺序等，并对直播间商品进行精细化的配置和管理。

一、直播商品的选品策略

直播电商的"选品"是非常重要的一个环节。俗话说："产品选得好，变现不用愁。"商品作为一场直播的主角，其合适与否，直接影响本场直播的效果，甚至决定了一个账号中长期的发展。随着直播市场越来越规范与成熟，直播选品已形成了一套基础逻辑，下面将介绍选品原则和选品步骤等内容。

（一）选品原则

1. 以合法合规为前提

做到严格遵循直播的要求和平台规则，产品生产、销售资质齐全，产品正规，不虚假宣传。

2. 达人内容垂直度

达人内容垂直度就是账号内容与货品的关联程度，即产品选择应符合账号自身的调性，在自己的垂直领域内做到专业、专注，这有益于账号口碑的传播与品牌形象的塑造。比如"吃播"账号，如果要"带货"，你的第一反应就是食物类型；但如果带来的却是高科技产品，你会感到很奇怪。

3. 粉丝画像

当今的互联网时代，数据显得尤为重要。对于垂直度没有那么高的账号，则可以按照粉丝第一画像来选择合适的"带货"产品。粉丝的画像数据为选品提供了很大的帮助：粉丝的年龄分布很大程度上体现了其消费能力；粉丝的男女比例对于达人选择商品的适用人群具有很强的指导性；粉丝分布的地区代表了不同地区的风俗和爱好；根据粉丝的活跃时间分布可以了解到其在平台上的活跃时间，这样对直播的时间安排也很有帮助。

4. 粉丝需求

直播面向的客户群体就是自己账号下的粉丝，所以在开播之前充分询问粉丝的需求，甚至可以在前几场直播不进行"带货"活动，单纯地收集粉丝的需求及想法。

5. 行业预测

纵观整个"带货"直播行业，查看、了解同等层级的主播平时经常销售的都是哪些货品、涉及了什么品类，并预测他们下一步极有可能会推出什么品类。

6. 市场趋势

正如夏天卖短袖、冬天卖棉衣一样，每个季节都有与其相对应的热销产品。多留意网络"爆款""网红"推荐，这样选品就不容易出错。还有就是在不同的节日即将到来之前，有针对性地根据即时性的消费需求来进行选品。例如，在即将到来的端午节之前，就可以挑选一些端午节的粽子礼盒等货品。

7. 匹配人设

把合适的货品交给合适的人去卖，这是直播的基本规则。主播应根据自己的人设去挑选货品，如某位主播，他曾经是某品牌手机公司的 CEO，其粉丝大多为"科技粉"，所以该主播的货品列表里数码科技类产品是必不可少的。

8. 供应链

因为电商直播主体不同，所以他们在货品的供应链的选择上也不尽相同。如果是个人中小卖家或者创业团队，其本身不生产产品而需要在外采购的，那么关注时下流行"爆款"和其他主播经常推荐的货品即可。如果是主播达人，则完全可以依靠自己的粉丝基础及带货优势去找供应商谈货品，甚至还可以压低价格。

（二）选品步骤

1．确定主题，初步圈定货品

（1）以价格为主题

① 上新专场：选品上以应季新品为主（如服饰碎花连衣裙、西装外套、雪纺衫等）。

② 清仓/福利专场：选品上以过季单品为主（如羽绒服、大衣、毛衣）。

（2）以节日为主题

节庆专场：情人节（加入一些爱情元素的选品，比如一些情人节限定款）、三八"女王节"（结合季节选择当季新品）、母亲节（可针对各年龄段的母亲进行选品）。

（3）以粉丝为主题

① "宠粉"专场：选品上以粉丝为出发点进行主题确定，如"宠粉专场教你学穿搭"。

② 综合专场：没有明确的主题，但仍要圈定在当季热销品类和款式的范围内。

2．根据粉丝画像、历史货品售卖情况精准选品、确定款式

① 历史货品售卖情况：对历史直播专场的商品进行复盘和分析，找出受欢迎的款式并找出类似款，调整直播的商品结构。例如，从历史直播的商品复盘来看，基础款的库存与产出远高于流行款，可在下次直播中调整基础款的比例。

② 粉丝观众画像：根据账号粉丝和直播观众的画像（年龄、性别、消费能力、购物偏好等）进而选品。

3．确定销售目标倒推备货结构

此处略过，有兴趣的可自行查阅网络。

二、直播商品的定价策略

（一）单品定价策略

1．"9结尾"的价格

直播间的商品，都喜欢定价为9.9元、19.9元、199元，这是因为价格以9结尾的商品，往往会比10元、20元的商品更好卖。首先，100元这个价格会被大家归到"上百元"里，而99元的价格只会被归到"几十元"里；其次，19.9元的开头是1，而20元开头是2，开头数字越小，越不容易引起消费者的注意，所以在直播间定价时，能定199元绝不定200元。

2．小商品大优惠，大商品小优惠

相比1999元的商品便宜了100元，大家更希望一个9.9元的商品便宜了5元，或者直接1元秒杀。其实，怎么算都是便宜100元的划算，但是因为9.9元的商品，便宜了5元，占到了它价格的一半，所以大家才会有超值的感觉。因此在定价时，可以将一些超低门槛的优惠券送给大家，靠低价商品吸引大家来直播间购物消费，再把亏的钱，从高价单品中赚回来。

3. 告知原价，价格对比更强烈

在介绍商品价格时，把商品原价放上去和活动价进行对比，甚至报出"双十一""618"的价格，最后再报直播间价格，这样才会显得直播间的折扣力度更大，才能证明商品的优惠幅度有多大，最后让大家相信直播间里的商品不仅是正品，还有"内部价"。

4. 能"买一送一"，绝不5折出售

"买一送一"和"打5折"本质上是一样的，但是消费者更加偏爱"买一送一"。因为在直播"带货"中有个公式，即优惠＞礼品＞折扣。优惠多少钱，大家是可以看到实际的价格变化的，视觉冲击力最大，其次就是"买一送一"，或者送赠品等。到现在，直接演变成了"拍一送三""拍一送十"的夸张玩法。

5. 产品贵不贵，就看和谁比

有一些产品和同类产品相比是很贵，但是和功能相同的高价产品相比较，它就不会显得很贵了。

6. 只要"均分到天"，什么东西都不贵

高价产品还有一种报价方式，就是"均分到天"报价，包括一些高价面霜、水乳等护肤品，衣服、包同样也能用这种方式。按照使用日期折合成单日花费，这样算下来，什么东西都不会很贵了。例如，某品牌口红，3.5克350元（官方价格），平均1克100元，但是一支口红能用1800次，一天用3次，每天大约花费0.6元，粉丝就会觉得日均花费很少，值得购买。

（二）组合商品定价策略

在直播间所有商品排布规划中，是有一定的规则与玩法的。如果直播间都是9.9元的低价商品，那么即使直播间的流量很高，销售额也很难有所突破。如果全是单价高的商品，那么可能流失了非常多的流量。要想达到更高的销售额，就需要搭配组合多种产品，不同类型的商品搭配有不同的运营思路，如何组合才是关键所在。产品组合定价可以细化分为以下3个方面。

1. 不同等级的同种产品构成的产品组合定价

这类产品组合可以根据这些不同等级的产品之间的成本差异，用户对这些产品不同外观的评价及竞争者的产品价格，来决定各个相关产品之间的价格。

2. 连带产品定价

这类产品定价要有意识地降低连带产品中购买次数少、用户对降价比较敏感的产品价格，提高连带产品中消耗较大、需要多次重复购买、用户对它的价格提高太敏感的产品价格。

3. 系列产品定价

对于既可以单个购买，又能配套购买的系列产品，可实行"成套购买、价格优惠"的做法。由于成套销售可以节省流通费用，而减价优惠又可以扩大销售，因此流通速度和资金周

转会大大加快,有利于提高店铺的经济效益。很多成功卖家都是采取这种定价方法。

把同种产品,根据质量和外观上的差别,分成不同的等级,分别定价。

这种定价方法一般都是选其中一种产品作为标准品,将其他产品分为低、中、高三档,再分别定价。对于低档产品,可以把它的价格逼近产品成本;对于高档产品,可使其价格较大幅度地超过产品成本。但要注意一定要和用户说清楚这些级别的质量是不同的。

(三)阶段性定价策略

阶段性定价就是要根据商品所处市场周期的不同阶段来定价。

1. 新上市产品定价

这时由于产品刚刚投入市场,许多消费者还不熟悉这个产品,因此产品销量低,也没有竞争者。为了打开新产品的销路,在定价方面,可以根据不同的情况采用高价定价方法、渗透定价方法和中价定价方法。

对于一些市场寿命周期短,花色、款式翻新较快的时尚产品,一般可以采用高价定价方法;对于一些有较大的市场潜力,能够从多销中获得利润的产品,可以采用渗透定价方法,这种方法是有意把新产品的价格定得很低,必要时甚至可以亏本出售,以多销产品的方式达到吸引粉丝、迅速扩大市场占有率的目的;对一些经营较稳定的大卖家可以选择中价定价方法,这种办法以价格稳定和预期销售额的稳定增长为目标,力求将价格稳定在一个适中的水平上。

2. 产品成长期定价

产品进入成长期后,店铺生产能力和销售能力不断扩大,表现在销售量迅速增长,利润也随之增加。这时候的定价策略应该是选择合适的竞争条件,并能保证店铺实现目标利润或目标回报率。

3. 产品成熟期定价

产品进入成熟期后,市场需求已经日趋饱和,销售量也达到顶点,并有开始下降的趋势,表现在市场上就是竞争日趋激烈,仿制品和替代品日益增多,利润达到顶点。在这个阶段,一般采用将产品价格定得低于同类产品的策略,以排斥竞争产品,维持销售额的稳定甚至进一步增大。

正确掌握降价的依据和降价幅度是非常重要的,一般应该根据具体情况慎重地考虑。如果你的产品有明显的特色,有一批忠诚的用户,那么就可以维持原价;如果你的产品没有什么特色,那么就要用降价的方法来保持竞争力了。

4. 产品衰退期定价

在产品衰退期,产品的市场需求和销售量开始大幅度下降,市场已经出现了新的替代品,利润也日益缩减。这个时期常采用的定价方法有维持价格和驱逐价格两种方法。

对于一些非必需的奢侈品，它们虽然已经处于衰退期，但它的需求弹性大，这时可以把它的价格降低到无利可图的水平，将其他竞争者驱逐出市场，进而扩大商品的市场占有率，以保证销量、回收投资。

（四）薄利多销和折扣定价策略

线上购物的用户一般都在各个购物网站查验过相同产品的价格，所以价格是否便宜是用户下单的重要因素。那么怎样才能定出既有利可图又有竞争力的价格呢？

1．薄利多销

对于一些社会需求量大、资源有保证的商品，适合采用薄利多销的定价方法。这时要有意识地压低单位利润，以相对低廉的价格来提高市场占有率，争取长时间内实现利润目标。

2．数量折扣

数量折扣是对购买商品数量达到一定数额的用户给予折扣，购买的数量越多，折扣也就越大。采用数量折扣定价可以降低产品的单位成本，加速资金周转。数量折扣有累积数量折扣和一次性数量折扣两种形式。累积数量折扣是指在一定时期内购买的总额累计达到一定数量时，按总量给予一定的折扣，比如我们常说的会员价格；一次性折扣是指按一次购买数量的多少而给予的折扣。

3．心理性折扣

当某类商品的牌子、性能、寿命不为用户所了解，商品市场接受程度较低的时候，或者商品库存增加、销路又不太好的时候，采用心理性折扣方法，一般都会收到较好的效果。因为消费者都有喜欢打折价、优惠价和处理价的心理，所以只要采取降价促销手段，这些商品就有可能在众多的商品中脱颖而出，吸引消费者前来购买，大大提高成交的机会。当然，这种心理性折扣，必须要制订合理的折扣率，才能达到销售的目的。

（五）分析买家的心理，投其所好的定价策略

消费者的价格心理主要有：以价格区分商品档次的心理，追求名牌的心理，求廉心理，"买涨不买跌"的心理，追求时尚的心理，对价格数字的喜好心理等。在商品定价过程中，必须要考虑用户在购买活动中的某种特殊心理，从而激发他们的购买欲望，达到扩大销售的目的。

1．分割定价法

定价如果使用小单位，可以让用户在心理上有种占便宜的感觉。价格分割有以下两种形式：一是用较小的单位定价，如每千克1000元的人参，定价为每克100元；小麦每吨2000元，定价为每千克2元。二是用较低单位的商品价格比较法。

2．同价定价法

我们生活中常见的"一元店"，采用的就是这种同价定价法。这种方法干脆、简单，避免了讨价还价的麻烦，对一些货真价实、需求弹性不大的必需品非常有用。

3. 数字定价法

这种方法属于心理定价策略。比如"8"和"发"经常被人联系在一起，所以用"8"来定价，可以满足用户想"发"的心理需求，所以一般高档商品的定价都会带有"8"字。另外，经过多次试验表明，带有弧形线条的数字，如5、8、0、3、6，更容易被用户接受，而1、4、7这样不带弧形线条的数字就不太受欢迎。

在定价的数字应用上，要结合我国国情，尽量选用能给人带来好感的数字。如很多中国人都喜欢8和9这两个数字，会认为这些数字能给自己带来好运，但大部分人都不喜欢数字4，因为它和"死"同音。

4. 低价位定价法

低价位定价法属于薄利多销的定价策略。网上商品自身就有低价的优势，试想如果网上的商品卖得比超市价格还高，谁还会来买？这种定价方法比较适合快速消费品的直接销售，因为它有很大的数量优势。低价，可以让他们的产品很容易被消费者接受，优先在市场取得领先地位，所以如果网上的商家成为厂家的网络营销代理，那么就可以采用这种低价位定价法。

三、直播商品的结构规划

我们需要把直播间的产品结构分成"津贴款""爆款""利润款""对比款"等。根据每款产品的功能不同，来制订选品配置："津贴款"——获取流量和信任；"爆款"——解决需求，承接流量；"利润款"——测品，获取利润；特色产品——提高用户黏性。

（一）津贴款

"津贴款"，顾名思义，就是给粉丝一些优惠以吸引他们观看直播，主要作用就是给直播间引流。"津贴款"通常是单价低的商品，或者是较大地低于市场价的商品。以低价作为吸引用户的噱头，还能为直播间创造一个良好的购物氛围，这种方式在很多达人的直播间里都出现过。

此类商品在选择时首先要考虑用户的消费需求，同时要兼顾用户的消费习惯。此类商品大多是生活日用品，如纸巾、洗衣液等，还有螺蛳粉、小面包等零食。这些产品都是必需品，适合居家囤货，不怕买多，符合大家的囤货心理。例如，在"双十一"期间，单场销售额过亿的平台，销量排前列的商品都是单价低的"引流款"，销量最高的一款是螺蛳粉，销量超过7万，为直播间带来了大量的流量。

（二）爆款

"爆款"就是满足用户在这一阶段的需求的产品，它的最大作用就是冲业绩。爆款商品的价格不一定低，但是一定是现阶段用户最喜欢、性价比最高的商品，这样才能够达到"走量"的效果。例如，立冬后，冬季羽绒服、连体裤、打底衫等冬季抗寒商品易成为"爆款"。此外，直播间经常出现的手机、耳机等商品，虽然利润很低，甚至很多直播间是亏本销售，但是它们都是"爆款"商品，可以为直播间创造更高的销售额。一般情况下，一场直播中，70%的销售额由5~6个"爆款"贡献。

（三）利润款

"利润款"主要是为直播间带来利润的产品。就盈利这一方面来说，达人的收入一般都是"坑位费+佣金"或者"纯佣金"的形式，当他们赚这个佣金时，佣金很高的产品就是利润的主要来源。这样的商品价格就不能靠低价来打动用户了，而是需要在款式、功能上有着独特的优势和卖点。这类产品的受众主要是追求生活品质的用户，他们对价格的敏感度较低，只要商品满足了他们的需求，就会下单。虽然这类商品一般出货量不会很大，但是它们带来的利润却相对可观。

（四）特色款

"特色款"是直播独家定制或品牌定制的商品，具有一定的稀缺性，是为增加好感度，提高粉丝黏性的产品，进而提高直播和商家利润率。比如组合式套装，或者赠送一些周边等，可以独立于原有的价格体系，对已有的库存和定价进行重新排列组合，即便优惠力度稍有加大，但由于产品是独立于常规产品体系的，加之在直播时才有，因此用户感知不会特别明显。

（五）对比款

"对比款"主要发挥"绿叶配红花"的功能，用来给"爆款"做标的物。这款商品是很多人容易忽略的，因为它的主要作用是和"爆款"商品做对比，在"爆款"上架前，为粉丝准备一些款式一般价格又贵的商品，让粉丝心里有一个概念，降低粉丝的预期。等上架"爆款"后，其与"爆款"商品形成鲜明的对比，让大家认为"爆款"商品物美价廉。在用户进行对比后，发现"爆款"的款式比"对比款"更好，价格更有优势，因此他们也更容易下单。

【任务反思】

1. 直播电商的选品步骤是什么？
2. 直播电商的单品价格是如何定价的？
3. 直播间的产品是如何划分的？

任务二　直播电商的团队运营

随着直播行业日益火热，在直播生态区域即将饱和的状态下，做直播仅靠"单枪匹马""单打独斗"已经很难突出重围，所以组建直播团队并进行系统化的规范运营是非常重要的。以下将从直播团队的人员配置、直播团队的组织架构来阐述如何组建一个高效能的直播团队。

一、直播团队的人员配置

直播电商人才短缺是绝大多数企业跨入直播电商门槛的"拦路虎"，而且直播电商行业门槛低、从业者素质不高、行业标准缺乏，使得整个直播电商行业的发展遭遇瓶颈，建立科学、规范和实用的直播电商人才配置标准，是保证直播电商良性、健康和长期发展的必要条件。

（一）主播岗位

主播岗位是直播电商的核心岗位，决定着直播的效果，主播的岗位职责、技能要求、素质要求具体见表 3-1。

表 3-1　主播相关要求

岗 位 职 责	技 能 要 求	素 质 要 求
1．负责完成整场直播主持，是直播间的主要角色； 2．熟练掌握直播相关话术，能在直播的不同环节中进行话术的调整； 3．具备销售心理学基础知识，能及时预判销售机会，能及时完成"转粉"、销售转化； 4．熟悉直播整个流程策划，能与助播及运营进行良好的配合，了解直播不同环节的侧重点，能控制直播间的节奏； 5．参与运营团队的选品策划，了解用户喜好，善于从用户角度来观察直播电商选品逻辑，熟悉选品匹配度； 6．能保持稳定的开播时间，能保证一定的开播量，一般每月至少直播 20 天，每天至少 4 小时	1．基础能力：口语表达能力流利，熟练掌握产品相关知识，能熟练地进行产品介绍，对产品卖点敏感，有熟练的销售技巧； 2．状态要求：敢于在镜头面前进行表达和表演，并能接受长期、稳定的开播时长； 3．心态要求：敢于面对直播过程中用户的争议并坦然面对用户的尖锐提问，具备一定的控场和应变能力； 4．其他要求：有颜值或有其他表演才艺等加分项（歌曲、舞蹈或其他专业才艺），具备良好的个人素养，能在直播过程中保持饱满的精神状态，具备一定的心理承受能力，能控制负面情绪	1．具备较高的思想素质和良好的道德素养、人文素养、科学素养及职业素养； 2．具备较高的网络文明素养、电子商务诚信与信用素养、信息安全与保密素养； 3．具备良好的人际沟通素质和团队合作素质； 4．具备基本的创新精神及创业意识

（二）助播岗位

助播岗位是直播电商中的重要岗位，助播主要辅助主播推进直播进度，其岗位职责、技能要求、素质要求具体见表 3-2。

表 3-2　助播相关要求

岗 位 职 责	技 能 要 求	素 质 要 求
1．直播间的辅助角色，能协助主播推进直播进度； 2．深度参与直播流程策划，在整个直播过程中能配合主播进行不同环节的转换和调整；熟悉直播平台管理规则，能配合主播避免出现违规操作及用语； 3．熟悉选品原则，对产品有深度的了解，能帮助主播补充产品的相关使用知识； 4．掌握相关的销售心理学及话术，懂得在直播过程中洞察用户的心理变化，通过话术营造活跃的互动氛围； 5．良好的个人素养，能坚持做幕后策划人，帮助主播建立人设； 6．能保持稳定的开播时间，能保证一定的开播量，一般每月至少直播 20 天，每天至少 4 小时	1．基础能力：较好的口语表达能力，具有较强的协调和配合能力； 2．状态要求：有临场应变能力，能对直播过程中的突发事件进行应急处理； 3．心态要求：甘于给主播当助手，不喧宾夺主； 4．其他要求：对行业有专业的理解	1．具备良好的道德素养、人文素养和心理素质； 2．具备较高的网络文明素养、信用素养； 3．具备良好的人际沟通和团队协作素质； 4．具备基本的创新精神及创业意识

（三）运营岗位

运营岗位是直播电商中的综合岗位，主要负责直播电商的整体规划和统筹，运营的岗位职责、技能要求、素质要求具体见表3-3。

表3-3 运营相关要求

岗 位 职 责	技 能 要 求	素 质 要 求
1. 负责直播电商的整体统筹和执行，能匹配主播的人设定位； 2. 熟悉掌握各个不同直播平台的特点及优劣势，能根据直播内容及产品选择合适的平台； 3. 熟悉掌握直播电商的策划操作，能策划直播操作流程及规范； 4. 熟悉供应链的相关专业知识，能确定选品操作规范； 5. 具备数据分析能力，能分析平台数据，及时调整直播的策划并优化选品	1. 基础能力：良好的观察能力，注重细节，执行能力强； 2. 状态要求：有内部资源沟通和协调能力，能判断对直播最有价值的资源； 3. 技能要求：熟悉平台规则，具备内容策划能力，能根据产品策划直播活动； 4. 其他要求：熟悉产品供应链，能根据选品及时调整定价及内容策划	1. 具有多个电商岗位实践经验，具备较强的管理能力； 2. 具有良好的职业素养和抗压能力，适应直播电商高强度的工作节奏； 3. 具有良好的个人素养，善于总结问题并进行自我调整； 4. 良好的自我学习能力，具有创新意识

（四）商务岗位

商务岗位是直播电商中的必要岗位，主要负责直播电商中渠道和客户等资源的开发和维护，商务的岗位职责、技能要求、素质要求具体见表3-4。

表3-4 商务相关要求

岗 位 职 责	技 能 要 求	素 质 要 求
1. 能开发和维护直播电商渠道资源客户，与客户建立良好的合作关系； 2. 能按时完成公司阶段性任务及KPI指标； 3. 与其他岗位人员做好沟通工作，确保产品的及时投放与问题反馈； 4. 能规划和组织相应的活动策划、活动实施及项目落地； 5. 对相关数据进行统计、汇总	1. 技能基础：具有广告学、营销类专业学历或相关实践经验，熟悉直播电商的选品要求； 2. 状态要求：具有敏锐的市场洞察力，具备良好的客户开拓能力，有较强的沟通和谈判能力，以及较强的口语表达交流的技巧； 3. 技能要求：具备资源整合能力，善于总结直播电商的发展阶段和选品资源的匹配	1. 沟通能力强，责任心强，抗压能力强，有极强的目标感； 2. 适应直播电商行业的快速发展，精力充沛，具备在较强压力下出色完成任务的能力； 3. 能适应工作压力并敢于面对挑战，有良好的客户群体关系； 4. 善于与人交流，社会经验丰富； 5. 具有高度的法律意识和风险意识

（五）经纪人岗位

经纪人岗位是直播电商MCN机构中特有的岗位，主要负责直播电商人才的挖掘和培养，经纪人的岗位职责、技能要求、素质要求具体见表3-5。

（六）客服岗位

客服岗位是直播电商中的服务岗位，客服主要负责直播电商客户的售前、售中和售后的服务，客服的岗位职责、技能要求、素质要求具体见表3-6。

表 3-5　经纪人相关要求

岗 位 职 责	技 能 要 求	素 质 要 求
1．负责直播和助播两类人才的挖掘、孵化和培养； 2．负责直播人才的培训，能梳理企业人才培训体系，行业的发展趋势； 3．拥有良好的职业素养，在保持直播人才独立性的前提下培养其直播的相关表演技艺； 4．具有良好的个人素养，对直播有正面的理解和思考	1．基础能力：熟悉直播电商人才要求，善于挖掘具备主播潜质的人才； 2．状态要求：善于发掘他人的亮点和专业技能； 3．技能要求：熟悉娱乐行业艺人培养流程培训，会调整主播及助播在镜头前的表演状态	1．具有良好的心理素质，具备危机的处理和应变能力； 2．善于与人交流，社会经验丰富； 3．具有娱乐营销意识和市场战略眼光； 4．具有高度的法律意识

表 3-6　客服相关要求

岗 位 职 责	技 能 要 求	素 质 要 求
1．负责收集客户信息，了解并分析客户需求，规划客户服务方案； 2．熟悉商品信息，能掌握沟通技巧，正确解释并描述直播产品属性； 3．负责进行有效的客户管理和沟通，了解客户期望值，跟进回访客户，升级服务，负责发展并维护良好的客户关系； 4．负责产品电子商务相关数据的收集和维护	1．技能基础：接待客户热情大方、细心周到，能积极主动帮助客户解决任何销售问题； 2．状态要求：工作主动热情，仔细耐心，能持续保持高效的工作状态； 3．技能要求：打字输入速度快，能同时应对多人的在线咨询，并能及时、正确地做好备注工作	1．具有高度的工作责任心，思维灵活，沟通能力强，有良好的应变能力； 2．熟悉各大直播平台的买卖操作流程； 3．能熟练解答客户的提问，推介产品，促成销售订单等

二、直播团队的组织架构

每场直播背后都有一个团队在支持运作，直播团队的搭建是必要的。根据直播工作岗位设置、工作流程等要素，个人或商家可以组建三种直播运营团队，即个人直播团队、商家直播团队和 MCN 机构直播团队。

（一）个人直播团队组织架构

个人直播团队是整个电商直播组织架构中的基本一环，虽势力单薄，但不可或缺。可以说在没有机构和供应链之前，直播电商的发展源头都是由个人直播发展起来的。但是近几年，直播行业发展迅速，竞争激烈，很多主播纷纷加入商家直播或 MCN 机构直播等平台，很多个人直播团队难以为继。该团队类型适用于团队初期建设，粉丝量在 8 万以内的卖家和主播，团队组织一般由 2 人或 3 人组成，具体的组织架构如图 3-1 所示。

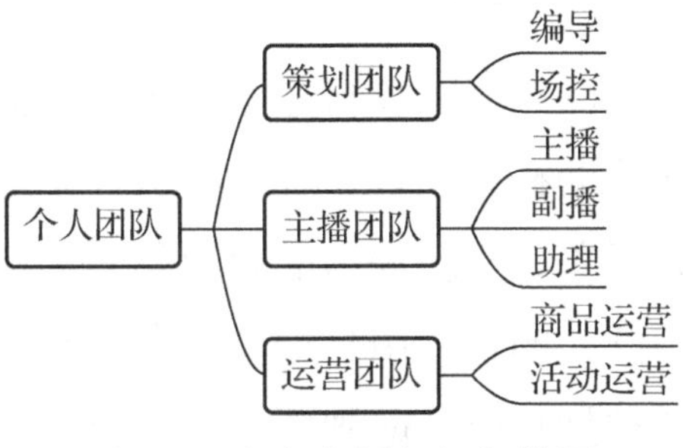

图 3-1　个人直播组织架构图

个人团队：
- 策划团队：编导、场控
- 主播团队：主播、副播、助理
- 运营团队：商品运营、活动运营

1．策划团队

策划团队包括编导和场控，其主要职责如下：①编导负责策划直播活动，撰写直播脚本等。②场控负责直播间的中控台，协调商品的上架、下架，发送优惠信息、红包，进行抽奖送礼，随时根据直播情况更改商品价格，以及控制直播间的节奏等。

2. 主播团队

主播团队一般包括主播、助播和助理，其主要职责如下：①主播负责正常直播，熟悉商品信息，介绍并展示商品，与用户互动，介绍活动，复盘直播内容等。②助播协助主播直播，与主播配合，说明直播间规则，介绍促销活动，补充商品卖点，引导用户关注等。③助理配合直播间的所有现场工作，包括灯光设备的调试、商品的摆放等，有时也承担助播的工作。

3. 运营团队

运营团队一般包括商品运营和活动运营，主要负责直播的正常运营，其主要职责如下：①商品运营负责提供商品，挖掘商品卖点，培训商品知识，优化商品等。②活动运营负责收集活动信息，策划活动文案，执行活动计划等。

（二）商家直播团队组织架构

商家直播团队，就是商家自己开直播，分工更细致，无须商品运营岗位，但是店铺运营、数据运营岗位非常重要。商家主播可以培养自己的主播，也可以与 MCN 机构合作，从 MCN 机构中选择与店铺匹配度较高的主播。商家直播组织架构图如图 3-2 所示。

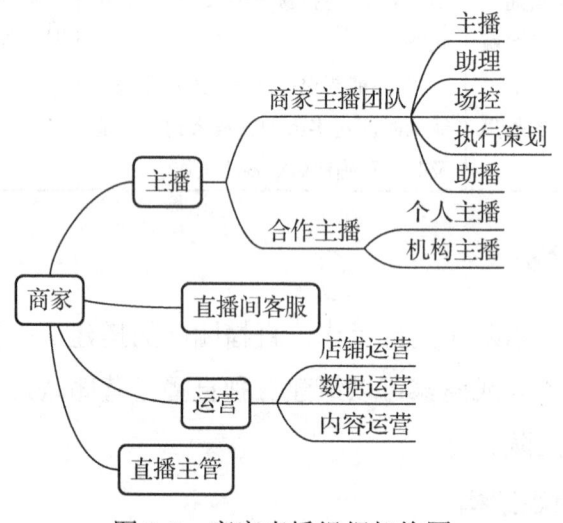

图 3-2　商家直播组织架构图

1. 主播

商家既可以自建主播团队，也可以根据自己的需要选择合作主播。商家主播团队包括主播、助播、助理、场控和执行策划。在选择主播时，商家要寻找与企业特点相匹配的主播，其形象、气质要与品牌形象相契合，并且熟悉企业文化和商品信息，塑造的直播主播人设要与商品的目标用户群体需求相匹配。合作主播包括个人主播和机构主播：个人主播负责一些活动型直播、品牌塑造型直播等。机构主播与个人主播的作用差不多，但是商家可以通过机构推荐，选择比较成熟和合适的主播资源。

2. 直播间客服

直播间客服主要负责直播间的互动与答疑,在直播间里配合主播直播,以及商品售后、发货问题等。

3. 运营

运营包括店铺运营、数据运营和内容运营,其主要职责如下:①店铺运营负责配合与直播相关的店铺运营工作等。②数据运营负责直播数据检测,分析优化方案等。③内容运营负责直播前后的内容宣传、造势与运营等。

4. 直播主管

直播主管主要负责主播的日常管理、招聘、培训、心理辅导等。

(三)MCN机构直播团队

MCN模式源于国外成熟的"网红"经济运作模式,其本质是一个多频道网络的产品形态,将PGC(专业生产内容)内容联合起来,在资本的有力支持下,保障内容的持续输出,从而最终实现商业的稳定变现。图3-3为MCN机构直播组织架构图。

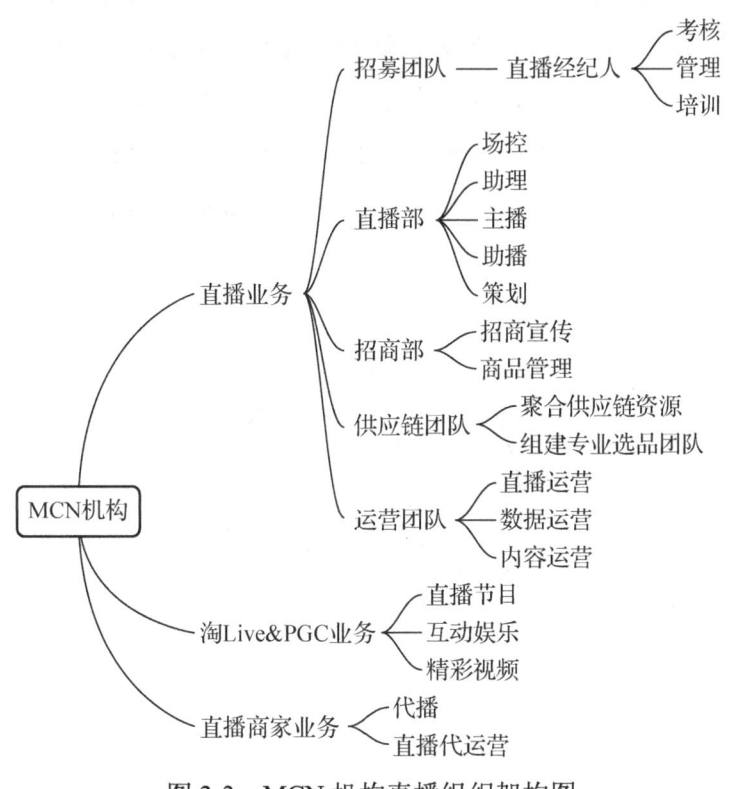

图3-3 MCN机构直播组织架构图

1. 直播业务

MCN机构直播主要业务包括孵化"网红"主播、短视频内容生产及投放、全域内容营销等,包括招募团队、招商部、运营团队、供应链团队、直播部等,各组织架构的具体人员和工作内容如表3-7所示。

表 3-7 各组织架构的具体人员和工作内容

直播业务组织架构	具体人员和工作内容
招募团队	主要是直播经纪人，负责主播的招聘、考核、管理、培训等
招商部	招商宣传：负责与商家合作、商品招商等；商品管理：负责商品的选品、更新、管理等
运营团队	直播运营：负责与各项直播业务运营相关的工作；数据运营：负责直播数据收集、分析，优化直播方案等；内容运营：负责直播前后的内容宣传、造势、运营等
供应链团队	聚合供应链资源；保持高频率"带货"形势下的货源稳定和价格优势；组建专业的选品团队；严格筛选商品，以保证质量
直播部	主要包括场控、主播、助播、助理、策划等

2．直播商家业务

直播商家业务主要包括代播、直播代运营，其所提供的具体服务如下。①代播为商家提供主播、直播间等一系列直播服务。②直播代运营为商家提供直播及一切相关业务的"一条龙"服务。

（四）供应链基地直播团队

在 MCN 机构培养主播帮助商家卖货的初期，货源来源于商家寄样。在孵化新主播的过程中，MCN 机构发现仅仅依靠招商已经无法满足直播间对货品的需求，再加上行业发展越来越迅速，主播成长得越来越快，同时用户也提高了对商品的要求，于是便诞生了直播基地、直播产业带、线下市场、设计师直播基地等产业。它们拥有一套自己的运营体系和完整的供应链系统，为主播及粉丝提供专业化的服务，帮助创作者进行更有规划的生命周期管理，并着力搭建"网红"供应链体系，持续提升专业化、产业化能力。供应链基地直播团队组织架构如图 3-4 所示。

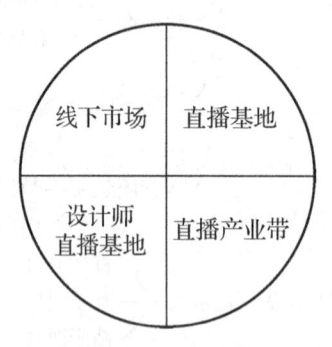

图 3-4 供应链基地直播团队组织架构

1．直播基地

（1）流量平台自建

流量平台自建的直播基地运营主体，包括自建自营、委托第三方运营和合作运营等不同的运营方式。

（2）MCN 机构建设

MCN 机构都希望延展链条，因此很多 MCN 机构也开始打造直播基地。另外，具有产业运营经验的园区、孵化器、联合办公场地、批发市场等，也可以利用自身拥有的空间供应链，来试水运营直播基地。

2. 直播产业带

直播产业带的组织架构为"货源厂家（一级供应商）+直播团队+其他"，这是一种商品最根源化的供应链，从源头上节省了成本、简化了流程。对于主播而言，产业带的优势有效地解决了商品的供给问题；而对于产业带中的商家而言，主播背后的庞大粉丝群体也打消了商家在商品销售方面的顾虑。

3. 线下市场

线下市场的组织架构为"二、三级供应商+直播团队+其他"，是一种以一、二级批发与流通市场、专业品类市场、百货大厦等线下实际正常经营的实体市场为货源的供应链。

4. 设计师直播基地

设计师直播基地是以设计师为核心和出发点而形成的特色型、小众化的供应链。有些供应链直播基地和设计师品牌合作，或签约设计师进行设计打版，让合作的工厂生产样品，寄给主播后邀请其直播。这种多为轻奢型的供应链，客单价较高，其优点是款式更新较快，毛利率相对较高，主播愿意合作。当然，这类直播基地也有不足之处，那就是签约设计师的成本较高，这要求电商团队必须能够准确地判断市场的流行趋势，同时对主播有较强的把控能力。

【任务反思】

1. 目前电商直播的组织框架有哪几种形式？
2. 直播电商的团队一般包含哪些岗位？
3. 直播岗位人员应具有哪些能力素质？

【项目小结】

本项目第一部分从直播商品的选品策略、直播商品的定价策略、直播商品的结构规划三方面系统地介绍了直播电商的商品策略，详细地介绍了选品的原则和步骤，单品定价策略与组合商品定价策略等。第二部分介绍了直播团队的人员配置和直播团队的组织架构的相关内容，详细介绍了当下主流的四种直播团队组织架构，以及各类直播团队结构下对直播人员的岗位设置、岗位职责划分，岗位能力要求等内容。

【项目测试】

1. 直播商品的选品策略是什么？
2. 直播商品的定价策略是什么？
3. 目前主流的直播团队组织架构有哪些？

【项目实训与评价】

实训一：以小组为单位，选择不同的品类，选定一家"网红"直播间，收集一场直播中所有商品的价格信息，包括单品报价及组合报价，尤其要对直播各个阶段产品价格的变化进行分析，并总结该直播间的价格策略。

实训二：以小组为单位，选定不同品类的几家"网红"直播间，利用直播现场、信息采集等方式搜索直播团队的人员构成，并列出直播团队人员的工作职责。

项目四
直播电商实施与执行

【学习目标】

1. 了解直播预热的场景和时机。
2. 掌握直播标题类型和写作技巧。
3. 掌握直播封面图的设计和制作。
4. 掌握直播话术的设计和实施。
5. 掌握调动直播间人气的实施方法及粉丝维护。

引例

董明珠与直播结缘

2020年5月10日,格力联合平台发起"让世界爱上中国造"格力专场直播活动,最终3小时成交额突破3亿元。根据平台给出的数据,董明珠仅开播半个小时,格力旗下三款产品成交额就已经超过1亿元。

乘着直播的东风扬帆远航,2020年5月15日,董明珠再度现身京东直播平台,最终以7.03亿元的成交金额,成为名副其实的"带货女王"。

2020年6月1日,是天猫"6·18"活动正式开始的第一天,格力品牌代表开始在该购物平台直播"带货",而且此次是携3万家门店一起上线!截至2020年6月1日24点,格力电器在当天的直播中销售额高达65.4亿元。有商家告诉自媒体"家电圈","65亿元"并非格力6月1日当天卖给消费者的成交金额,而是包括了大量商家在"董明珠的店""刷单"的金额。为了鼓励格力商家在2020年6月1日当天从"董明珠的店"提货的热情,格力各地销售公司早在2天前就出台专门的补贴通知文件,并表示如果商家在"董明珠的店"购买空调,那么将给予他们每台挂机50元,每台柜机100元的额度补贴。

对于 50 元和 100 元的额外补贴，该通知要求商城订单状态为"待评价"且相关订单没有申请售后服务的情况下才予以发放，否则将取消上述补贴。这意味着，格力主要完成了一轮从工厂到商家仓库的压货。

2020 年 7 月起，董明珠开启了全国直播巡演。随后，董明珠走到山东，在山东德州和临沂开启两场直播，分别完成了 22.17 亿元、52.8 亿元的销售额。从今年 4 月份开始在抖音直播至今，她已经连续举办了 10 场直播，销售总金额已经达到了 416 亿元。

思考： 1. 董明珠的直播预告封面图有何特点？

2. 董明珠用了什么方法来提高成交额？

任务一　直播前的预热环节

直播前的预热可以吸引更多的用户进入直播间，从而对直播活动进行更大程度的宣传。如果预热不到位，正式直播时用户数量太少，那么商品的购买转化效率就会非常低。直播预热是为了让用户提前对直播的内容有大概的了解，这样对直播感兴趣的用户就可以在直播时及时进入直播间，从而增加直播间的在线观看人数。

一、直播电商的预热场景

直播预热可以运用私域场景和公域场景相结合的方式，以快速提升直播活动的热度。

1．私域场景

在某购物平台直播中，主播可以利用的私域场景包括店铺首页、商品详情页、店铺"微淘"等，来预热即将进行的直播活动。设置直播预告的方法如下：登录主播账号后台，在"内容发布"界面中点击"创建预告"按钮，在打开的"发布预告"界面中填写直播预告的相关信息，然后点击"发布预告"按钮，此时，直播预告即可进入审核阶段。主播在设置直播预告时，需要注意以下 4 个问题。

① 预告视频尽量不要有水印，禁止添加字幕。

② 视频应为横屏，画面长宽比例为 16∶9。

③ 视频画面要整洁，内容主次分明。

④ 对于第二天的直播，前一天的直播预告至少要在当天 16 点前发布，否则，直播平台将不予审核。

对于短视频平台来说，主播可以利用的私域场景主要是账号名和账号简介。主播在直播之前可以更新账号名和账号简介信息，例如，在账号名中加括号备注"今晚 5 点某品牌专场"，也可以在账号简介中以文案的形式说明自己的直播时间，如"每周三、周四、周五直播间定时'宠粉'"。

2. 公域场景

利用公域场景为直播预热和"引流"有多种渠道，包括短视频平台、社交平台、公众号、社群等。

（1）短视频

主播一般要在开播前3小时发布短视频为直播预热，短视频预热的方式主要有以下4种。

① "短视频常规内容+直播预热"。采用"短视频常规内容+直播预热"的形式，就是指在短视频的前半段输出和平时风格相同的垂直内容，吸引固定的粉丝观看，然后在后半段进行直播预热。这就类似于新媒体编辑写"软文"的思路，并不是直接在一开始就告诉粉丝自己要直播，而是像往常一样输出垂直领域的内容，然后在快要结束的时候宣布直播的主题和时间。

② 视频预热。这类直播预热视频主要采用主播真人出镜的方式，向用户通知具体的开播时间。如果主播想吸引潜在的用户，那么就要留下悬念，激发他们的好奇心。

③ 添加利益点

对于没有关注主播的用户来说，如果主播的话在直播预热视频中没有强大的吸引力，是很难让用户进入直播间的，所以主播可以在视频中添加利益点来吸引用户。例如，在直播间安排抽奖活动，奖品有品牌包、新款手机、新上市的护肤品等；或者宣传直播促销活动的优惠力度非常大等。这样可以激发用户的兴趣，使用户定时进入直播间。

④ 发布直播片段视频

很多影视剧在正式播出之前会放出很多花絮片段，目的是让用户对成片感兴趣，开直播之前发布直播片段也是如此。如果上一场直播中发生过一些有趣的事情，主播可以将其截取出来发短视频，为即将开始的下一场直播"引流"、造势。

（2）社交平台

"网红"主播经常在社交平台进行直播宣传和预热，并告诉粉丝具体的直播时间。通过在社交平台上发布直播预热文案的方式，网络红人可以吸引其粉丝前来观看。因此，主播在发布直播预热文案时，也可以将自己直播间的亮点展现出来，引更多用户和粉丝进入直播间。

（3）公众号

主播可以在公众号上以长文案的形式进行直播预热，同时插入图片或海报，更清楚地说明直播的时间和主题。例如，在做直播之前，主播在自己的公众号上进行直播预热，公布了直播的具体时间和主要内容，并在文章中插入了预热海报。

（4）社群

主播可以创建自己的社群，开播前与网友进行互动，并在群内做直播预热互动。

二、直播电商的预热时机

很多主播发现，即使自己做了精心的准备和宣传，但直播间的用户增长并不明显，感觉自己的时间和资金都打水漂儿了。如果确定了自己的商品定位、直播布置等都没有问题，那么就要考虑直播预热的时机是否合适。直播预热发布的时机与用户在社交平台上的活跃时间、直播预热与正式直播的间隔时间等因素息息相关。

1. 直播预热的时间

直播间的人气峰值一般出现在晚上 7—11 点，这是大多数上班族的休息时间，人们利用休息时间看直播的可能性比在工作时间看直播的可能性更高。与相对固定的直播时间不同，直播预热的时间灵活很多。短视频平台、社交平台、公众号等都可以成为直播预热的平台，所以主播要抓住这些平台用户的活跃时间。

在工作日，上班族和大学生在网上的活跃时间更多在上午，在休息日则无明显的活跃时间。因此，电商直播的预热只需注意避开深夜休息时间和用餐时间即可。需要注意的是，直播预告发布时间最好选择在用户活跃峰值前半个小时左右，这样可以给用户更多反应和转发的时间。

2. 直播预热与正式直播的间隔时间

直播预热时间一般不选择在休息日，这主要是为了避开各类社交平台发布内容的高峰期，如公众号、社交平台等平台上的创作者会在休息日发布较多的文章和短视频。当然，直播预热的提前量不能太长，否则很容易让用户遗忘；但也不能太短，否则预热效果很难呈现出来，至少要 24 小时以上。一般来说，主播要在正式直播 1~3 天前进行直播预热。网络热门信息的黄金发酵期是 2~3 天，一般热门信息会在这段时间内被大量用户看到。当热议人数达到顶点时，主播再开始正式直播，这样很好地避免了热度的降低。另外，提前 3 天预热可以帮助主播准备应对突发情况的预案，主播可以对粉丝反响和突发热点有一个合理的缓冲。在提前做好直播预热的前提下，主播只需要对突发状况进行小部分的调整即可，而不至于手忙脚乱。

【任务反思】

1. 你最近看的一场直播是什么？你是通过什么渠道看到这场直播预告的？
2. 请你试着策划一场直播，在选择公域场景时，你会如何选择，并谈谈你的理由。

任务二　直播标题及封面图的设计

标题的最大作用是吸引用户不假思索地进入直播间观看。一个好的标题应该能够准确地定位直播内容，并引起用户的观看兴趣。直播标题的字数不宜过多，5~15 字为宜，用一句话来展示直播内容的亮点，一定要避免空洞无物，没有信息量。

一、直播标题的类型

（1）内容型

内容型标题主要体现直播所推荐商品的功能和特点，例如，服装类直播会重点介绍如何搭配才能凸显身材和气质，因此可拟标题"教你如何搭配出完美夏日着装""今夏'最潮'穿搭""糟糕！是心动的穿搭"等；美妆类直播会重点介绍新款的商品，如"国货彩妆，重新定义妆容美学"，或介绍美妆商品的使用技巧等，如"轻松一抹，涂出好气色"。

（2）活动型

活动型标题大多展示直播间商品的包邮条件、折扣优惠、限时抢购信息等，这将可以通过低价或促销活动来吸引大部分用户进入直播间，如"新品一折，福利发不停""品牌女装，折扣秒杀"等。

（3）福利型

福利型标题与活动型标题很相似，都是展示利益点让用户心动。福利型标题的内容大多为"关注有礼""随机抽奖""直播间赠送商品"等，一般是为了"引流"、增加粉丝，用少量的成本吸引更多的用户，为之后的销售做好铺垫，如"关注主播，买鞋送袜""直播间指定款买一送一"等。

二、直播标题的写作方法

目前直播间标题大致的字数在 9～12 字左右比较合理，一是考虑其在各大平台的展示效果，二是太长的标题不利于让用户一目了然，同时平台规则也会对标题有所限制，所以大家在操作的时候留意即可，下面以某购物平台为例，列举一些常见的直播标题写法。

（1）节日/季节+客户人群+产品

这种写法一般是以电商节日、我国传统节日开头，带有一种促销、做活动的目的，面向确定的客户人群。在直播标题中，要把节日名称（激起用户的购买欲望）、客户人群（提醒目标消费人群）和直播产品（直播对象），一一写清楚，如图4-1所示"男人节潮男购机首选"。

（2）产品+利益引导

这种写法是把产品先提出来，率先锁定目标消费人群，比如卖榴莲的，不爱吃榴莲的人一看"榴莲"，基本都会马上划过去，而爱吃榴莲的人群则会停留下来，继续看后面的利益引导，有什么活动优惠等，如图4-2所示。

图 4-1　男人节潮男购机首选　　　　图 4-2　产品+利益引导

(3) 明星/网红/专家效应+产品

"某某明星也在用""某某网红推荐""某某专家安利",以这样的标题开头能让人产生一种熟悉的感觉,并且由于之前大家对明星、"网红"、专家的信任,也会对标题接下来提及的产品感兴趣,进而点击"进入直播间"一看究竟,如图4-3所示。

(4) 节日/季节+产品+利益诱导

这种标题属于比较通俗易懂的标题,只是单纯地借助节日或季节来对某个产品进行利益诱导,即举办优惠活动,如打折、满减、秒杀、福利等,如图4-4所示。

图4-3　某明星推荐南昌拌粉　　　　图4-4　时髦夏日福利穿搭

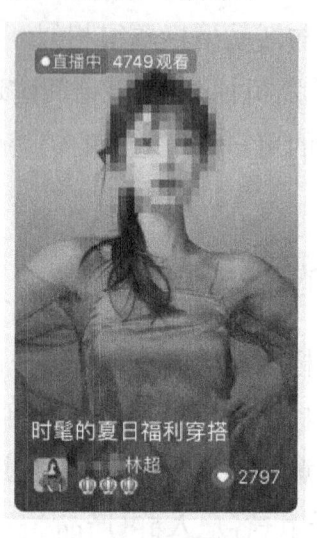

(5) 客户人群+产品

标题中无论是"产品"提前还是"客户人群"提前,作用都相似,都能够筛选出一部分相对精准的用户进入直播间,如图4-5所示,其标题会吸引很多想要买大码女装的用户。

(6) 利益诱导

"进直播间抢红包""进直播间免费送",这类标题会吸引大量用户,"引流"效果较好,只是大量用户进来后就需要设计一些活动规则以进行转化,如图4-6所示。

图4-5　胖妞也可以拥有曼妙　　　　图4-6　关注红包抢不停

（7）夸张的标题

这种标题多用好奇的语气，或者惊讶的语气，或者疑问的语气来标新立异，不建议经常使用。

（8）借助热点

热点新闻事件、电影、电视剧等，都可以作为一个话题放在直播标题里，吸引大量用户进入直播间后，再宣传自己的产品，如最近很火的电视剧，与其相关的标题引来大量用户前来观看，如图4-7所示。

图 4-7　三十而已上位秘诀

三、直播封面图设计

封面图是直播的"门面"，好的封面图可以引发用户的观看欲望，因此封面图已经成为影响直播间流量高低的直接因素，这就要求直播封面图一定要足够吸引人。相关统计表明，精心设计了封面图的直播间，其流量要比使用默认头像的直播间大得多。要想打造优质的直播封面图，直播团队或个人在设计时应遵循以下10个原则。

1．干净、清晰、整洁

封面图一定要干净、清晰、整洁，不能添加任何文字。干净、清晰、整洁的封面图，能够给人良好的视觉体验。因为直播标题已经包含了文字，所以在封面图中再加入文字就会显得杂乱无章，影响用户浏览。另外，模糊不清的封面也会影响用户的浏览体验。

2．图片尺寸合理

直播封面图的尺寸一般为750像素×750像素，最小不能低于500像素×500像素。

3．色彩构成合理

直播封面图的色彩要鲜艳，但不要过分华丽，只要能体现直播主题即可，否则会影响重要内容的呈现。

4．避免使用白色背景

由于直播界面的背景本身就是白色的，如果封面图的背景仍然选择白色，就会导致图片不够突出、醒目，很难吸引用户，因此封面图的背景应避免使用白色。

5．封面图要考虑固定信息的展现

封面图的固定信息包括左上角的直播观看人数和右下角的点赞量，封面图的重要内容一定要避开左上角和右下角的区域，以免与直播观看人数、点赞量等构成部分混淆，影响用户的观看体验。

6．避免使用合成图

为了不影响直播整体的浏览体验，封面图最好是一张自然、简洁的图片。如果放合成图，一旦拼接得不好，那么会非常影响用户的视觉体验。

7．避免封面图雷同

如果直播次数很多，那么直播封面图尽量不要使用同一张或极其相似的图片，因为这样会让用户以为内容都是相同的，从而降低直播间的点击率。

8．符合直播主题

封面图要尽量契合直播主题，让用户在看到直播封面图时就能大概知道直播的内容是什么，并且决定要不要进入直播间。例如，若直播内容是在工厂实地看货，则可以选择工厂图片、车间图片等实景图作为封面图；如果选择在档口直播，封面图要选择档口实拍图；如果要在直播间详细介绍商品，那么封面图最好不用模特或主播的人像图片，而是选用精美的商品细节图。另外，如果直播间没有名人参与直播，那么不能使用名人的人像图片作为封面图；如果直播间有名人参与直播，那么可以使用名人的肖像图作为封面图，但要提供相关的肖像使用授权文件等资料。

9．拒绝低俗

有些主播为了博人眼球，封面图会使用一些低俗的图片，这样的图片被官方检测到后，封面就会被重置，从而降低封面的吸引力，严重者还会被封禁账号。考虑到这一方面，所以内衣等贴身衣物的直播封面图一般不要出现任何人物元素，直接展示商品即可。

10．打标要规范

在为直播封面图打标时，要根据规范在同一位置上打标，以保持整体的一致性。标识一般固定在封面图的右上角，不可移动，其最大尺寸为180像素×60像素。

四、直播封面图的制作

如果封面图做得好，那么直播间的流量会有显著提高。对于封面图，有些刚接触直播"带货"的主播，都不会太留意，随意上传图片，结果难以吸引用户。

1．设计封面图，要遵守平台的规则和要求

这其中包括尺寸大小、文件大小、分辨率大小，像某购物平台的直播对封面图就有比较多的要求，比如不能加标题文字，不能使用拼接图，不能加水印，不能使用"表情包"，不能

侵权等。这些在平台上也会有相关说明，建议大家上传了封面图之后，自己在平台上再预览一下效果。了解了规则和要求之后，还要了解哪种类型的封面图既好看又能吸引用户并能够带来流量，可以先去收集一些与自己类目相关或相同的直播间封面图，借鉴他们的设计，但不应照搬。

2. 直播封面图，要画面简洁，光线明亮，主题突出

一张好的封面图包含以下标准，首先是图片要清晰，上传到平台经过压缩后不能有噪点等；其次是光线要明亮，不能过于暗淡，颜色鲜艳的图片会吸引用户关注；最后是拍摄的主体要突出，同时主题应明确。举个例子，若把一张牙膏的图片放到封面图的右下角，而正中间的位置却放了一张牙齿的图片，则很容易让人误认为你是牙科医生，而忽略了右下角的牙膏，这就是主题不清晰的体现。另外，封面图还要与所在的频道对应，要把主体信息放在居中的位置进行展示，主体也不宜过大。此外，封面图的背景不要混乱、复杂，一般来说，将纯色墙面、商品货架、带有品牌标识的墙面等当作背景是比较合适的，但有些实景也不用太在意背景，比如农庄、农田等，因为需要证明场景的真实性。

3. 注意技巧的应用

除了好看又能引人关注的封面图，还要有一些技巧。首先，对比技巧。清洁产品的封面图应展示清洁前后的效果对比图，使用户一眼就能看出差距，但前面说了有些平台不允许用拼接图进行效果的对比，所以在设计上就要巧妙地处理了。其次，就是利用好奇心理。最后，就是颜值。

【任务反思】

1. 请你选择 3 个最近很有影响力的直播，它们的直播标题分别是什么？请你对直播标题进行分析。

2. 当地即将举办一场母婴产品的直播活动，请你为其制作一个直播封面。

任务三　直播话术的设计与实施

对于主播来说，话术水平的高低直接影响直播间商品的销售效果。直播营销话术是商品特点、功效、材质的口语化表达，是主播吸引用户购买的关键，也是促使交易成功的关键，因此在直播营销中巧妙地设计直播营销话术至关重要。

一、直播电商的话术原则

直播主要是通过语言与用户进行交流与沟通的，直播营销语言是主播思维的集中表现，能够从侧面体现出主播的个人修养与气质。直播电商话术要符合专业性、真诚性、趣味性三个原则，如图 4-8 所示。

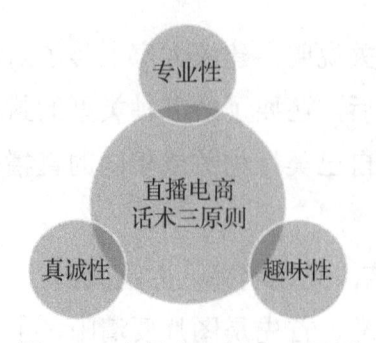

图 4-8 直播电商话术三原则

1. 专业性

直播话术的专业性体现在两个方面：一是主播对商品的认知程度，主播对商品认知得越全面、越深刻，在进行商品介绍时就越游刃有余，不仅能体现自己的专业程度，还能让用户产生信任感。二是主播语言表达方式的成熟度，同样的一些内容，由经验丰富的主播讲解，往往比由新手主播说出来更容易赢得用户的认同和信任，这是因为经验丰富的主播有更成熟的语言表达方式，他们知道如何讲解才能让自己的语言更具说服力。例如，如果是服装行业的直播，那么主播必须对衣服的材质、风格，以及当下的时尚流行趋势、穿搭技巧等内容有深入的了解，并具备一定的审美能力；如果是美妆行业的直播，那么主播要非常精通护肤品的成分、护肤知识、化妆技巧、彩妆搭配等内容。

专业的内容是主播直播的核心，主播只有不断学习，提高自身的专业素养，拥有丰富的专业知识，积累直播的经验，才能在直播中融入自己的专业见解，所表达的内容才会更有内涵、更有分量，更容易赢得用户的信任。

2. 真诚性

在直播过程中，主播不要总想着如何讨好用户，而应该与用户交朋友，站在用户的角度，以真诚的态度与他们进行沟通和互动。主播应以"朋友"的身份给用户最真实的建议，有时真诚的态度比技巧更有用。真诚的力量是不可估量的，真诚的态度和语言容易使用户产生情感共鸣，提高主播与用户的亲密度，拉近双方的心理距离，从而提高用户的黏性和忠诚度。

3. 趣味性

直播话术的趣味性是指主播要让直播语言具有幽默性，不能让用户觉得直播内容枯燥无味。幽默的语言能够展现主播的开朗、自信与智慧，使用趣味性的语言更容易拉近主播与用户之间的距离，提升用户的参与感。同时，幽默的语言还是直播间的气氛调节剂，能够帮助营造良好、和谐的氛围，并帮助主播与用户建立友好的关系。不过，主播的幽默一定要适度，掌握好分寸，不能给用户留下轻浮、不可靠的印象；同时，主播还要注意幽默的内容，可以对一些尴尬场面进行自我调侃，但不要触及私人问题或敏感话题，不能偏离直播主题，不能把用户的思路越拉越远，而是最终要回到直播营销的主题上。要想成为一个出色的电商主播，就要提升直播语言的趣味性，主播可以通过学习脱口秀节目、娱乐节目中主持人的说话方式来锻炼自己的幽默思维。

二、直播电商话术的设计

话术设计是指根据用户的期望、需求、动机等，通过分析直播商品所针对的个人或群体的心理特征，运用有效的心理策略而组织的高效且富有深度的语言。直播营销话术并不是单独存在的，它与主播的表情、肢体语言、现场试验、道具使用等密切相关。因此，设计直播营销话术时需要把握以下4点内容。

1. 话术设计口语化，富有感染力

高成交率的直播话术设计的重点是主播在介绍商品时的语言要口语化，同时搭配丰富的肢体语言、面部表情等，使主播的整体表现具有很强的感染力，能够把用户带入其所描绘的场景中。例如，主播要介绍一款垃圾袋，如果按照说明书上的文字进行严肃且正式的介绍："这款垃圾袋的材质是聚乙烯，抗酸碱性能、抗冲击性能、抗寒性能好，安全无异味，袋壁加厚处理，耐撕扯，耐穿刺。"那么用户可能会不感兴趣。但是，如果设计一段偏口语化的话术，那么效果可能会完全不同，例如，"不知道大家有没有遇到过类似的情况：倒垃圾时垃圾袋经常会漏出一些液体，味道很难闻，有时候不得不套两个垃圾袋。在超市里买的垃圾袋明明写着是加厚的，买回来一看还是很薄。如果有人遇到这种情况，那你一定要买这款垃圾袋。我特别喜欢它的款式，带着一个抽拉绳，能够非常牢固地套在垃圾桶上，它能承重202千克，日常装垃圾完全没有问题，非常方便耐用，直接买就对了"。这样一段浅显易懂的话术加上直播时的操作演示，能够让用户的感受更真实，更容易做出购买行为。

2. 灵活运用话术，表达要适度

很多新手主播经常把话术作为一种模板或框架来套用，但需要注意的是，话术并不是一成不变的，要活学活用，特别是面对用户提出的问题时，要慎重考虑后再回应。对于表扬或点赞，主播可以积极回应；对于善意的建议，主播可以酌情采纳；对于正面的批评，主播可以用幽默来化解或坦荡认错；对于恶意的谩骂，主播可以不予理会或直接拉黑。

凡事要掌握好度，如果主播在说话时经常夸大其词、词不达意，那么这些行为都会成为引发用户反感的导火索。因此，设计话术要避开争议性词语或敏感性话题，以文明、礼貌为前提，既能让表达的信息直击用户的内心，又能够营造融洽的直播间氛围。

3. 话术配合情绪表达

新手主播往往缺乏直播经验，可能经常会遇到忘词的情况，这时主播虽然可以参考话术脚本，但一定要注意配合情绪、情感，面部表情要丰富，情感要真诚，再加上丰富的肢体语言、道具的使用等。直播就像一场表演，主播就是其中的主演，演绎到位才能吸引并感动用户。使用话术时，主播不能表现得过于怯懦或强势，过于怯懦会让主播失去自己的主导地位，变得非常被动；而如果主播过于强势，自说自话，根本不关心用户的想法或喜好，那么将不利于聚集粉丝和增加流量。

4．语速、语调适中

在直播时，主播的语调要抑扬顿挫，富于变化，语速要确保用户能够听清讲话内容。主播可以根据直播内容的不同灵活掌握语速，如果想促成用户下单，那么语速可以适当快一些，控制在150字/分钟左右；如果要讲专业性的内容，那么语速可以稍微慢一些，控制在130字/分钟左右；当讲到要点时，可以刻意放慢语速或停顿，以提醒用户注意倾听。

三、直播电商的常用话术

按照直播营销的一般流程，直播营销常用话术的具体内容如表4-1所示。

表4-1 直播营销常用话术示例

话术应用场景	话术技巧	示例
直播预告	说明直播主题、直播时间和直播中的利益点	明天晚上8点，母亲节来啦！一定要锁定××直播间，福利已经为你们准备好啦！转发并关注直播间，会抽出100位幸运儿平分一万元现金红包哦
开播欢迎	介绍直播商品情况，介绍优惠或折扣力度	嗨，大家好，我是××，欢迎大家来到××直播间，今天是"6·18"年中大促销，我为大家带来×款超值商品，今天来到直播间的朋友可以享受超低直播价哦
	制造直播稀缺感	嗨，大家好！欢迎来到直播间，今天晚上的直播有超多的惊喜等着你，超高品质的商品都是超低价秒杀，机会难得，大家一定不要错过哦
	引导用户互动留言，激发用户的参与感	感谢大家百忙中来看我的直播，大家今天晚上有没有特别想实现的愿望啊？大家可以在评论区留言哦，万一我一不小心就帮你实现了呢
开播暖场	设置抽奖活动，引导用户参与评论	话不多说，正式开播前先来一波抽奖，今天是"母亲节"，在评论区输入口号"妈妈我爱你"，我会随机截屏5次，每次出现在截屏第一位的朋友将获得80元现金红包
引导关注	强调福利，引导关注	刚进直播间的朋友，记得点左上角按钮，关注直播间哦！我们的直播间会不定期发布各种福利哦
	强调"签领福利"	喜欢××直播间的朋友，记得关注一下直播间哦，连续签到7天可以获得一张20元优惠券
	强调直播内容的价值	想继续了解服装搭配技巧或美妆技巧的朋友，可以关注一下主播哦
邀请用户进群	设置福利，体现服务内容的价值	今晚我们为观看直播的朋友专门建立了一个免费的"美妆交流群"，欢迎大家加入，我们会不定期在群里为大家分享一些护肤方法和化妆技巧
活跃直播间氛围	强调优惠	这款翡翠手镯市场价格是16800元，今晚直播间的朋友下单，只需7999元就能买到，可以送给妈妈、送给爱人，真的特别值
	强调价值	21天绝对让你做PPT的水平上一个新台阶
	使用修辞手法	啊！好闪！钻石般闪耀的嘴唇
转场引起下文	提问互动，引出下文	看了刚才的PPT演示，不知道大家以前是怎么做的呢？欢迎在评论区留言哦
	说明商品特色，引出下文	下面我教大家如何在15秒内画好眼线，有人会想这怎么可能呢？因为我有这款非常好用的眼线笔
话术应用场景	话术技巧	示例

续表

话术应用场景	话术技巧	示 例
激发用户对商品的兴趣	提高商品的价值感	我给大家争取到了最优惠的价格，现在买到就是赚到
	打破传统认知	买这个颜色的口红，是你驾驭了口红的颜色，而不是口红的颜色驾驭了你
	构建商品的使用场景	穿着白纱裙在海边漫步，享受着温柔海风的吹拂，空气里仿佛充满了夏日阳光的味道
	强调商品的细节、优点	这款便携式榨汁机是我用过的榨汁机中最好的一款，它的外观设计和安全设计非常好！今天我为大家争取到了7折的优惠价，买它绝对超值
引导用户下单	强调售后服务	我们直播间的商品都支持×天无理由退货，购买后对商品不满意是可以退货的，大家放心购买
	与原价做对比	这款商品原价是×元，为了回馈大家的厚爱，现在只要×元，喜欢这款商品的朋友请不要再犹豫了，错过今天就只能按原价购买了
	限时、限量、限购，制造紧张感	最后50件，大家抓紧时间下单吧； 库存还剩40件、26件…… 今天的优惠力度是空前的，这款商品今天商家只给了×件，今后再也不会按这个价格卖了； 福利价购买的名额仅有×个，先到先得！目前还剩×个名额，赶快点击左下角的购物袋按钮抢购哦
	偷换心理账户，强调价格优惠	这个真的很划算，3包方便面的钱就能买到； 这款液体眼线笔真的值得买，一支能用一年，算下来一天不到1元
	引导查看商品链接	大家如果想要了解更多的优惠信息，一定要点击"关注"按钮关注主播，或直接点击商品链接查看商品详情
	引导加入购物车	如果大家还没有想清楚要不要下单，以及什么时候下单，那么完全可以先将商品加入购物车，或先提交订单抢占优惠名额
下播	表达感谢，引导关注	谢谢大家，希望大家都在我的直播间买到了称心的商品，点击"关注"按钮，明天我们继续哦
	引导转发，表达感谢	请大家点击一下右下角的转发链接，和好朋友分享我们的直播间，谢谢
	强调直播间的价值观	我们的直播间给大家选择的都是性价比超高的商品，直播间里的所有商品都是经过我们团队严格筛选，经过主播亲身试用的，请大家放心购买。好了，今天的直播就到这里了，明天再见
	商品预告	大家还有什么想要的商品，可以在交流群里留言，我们会非常认真地为大家选品，下次直播推荐给大家
	预告直播利益点	好了，还有×分钟就要下播了，最后再和大家说一下，下次直播有你们最想要的×××，优惠力度非常大，大家一定要记得来啊

【任务反思】

1. 有人说，只要直播时字正腔圆，就会受到粉丝的喜欢，你觉得是这样的吗？请说明你的理由。

2. 请你围绕身边熟悉的产品，写一个约15分钟的直播稿，并试着直播一次。

任务四　调动直播间人气实施及粉丝的维护

大多数主播在一次直播过程中要推荐数十款商品，某些直播时长较长的主播可能会推荐更多的商品，要想把这些商品都打造成"爆款"几乎是不可能的，此时主播应合理安排商品的推荐顺序，用商品调动直播间的人气，带动销量不断攀升。调动直播间人气分为5个步骤，如图4-9所示。

① "剧透"互动预热 → ② "宠粉款"开局 → ③ "爆款"打造高潮 → ④ "福利款"制造高场观 → ⑤完美下播，为下场直播预热

图4-9　调动直播间人气的5个步骤

一、调动直播间人气的步骤

1. "剧透"互动预热

直播的开场方式会给用户留下对主播及直播间的第一印象。如果第一印象不好，那么用户就会立刻离开直播间，很有可能再也不会观看该主播的直播。因此，直播开场具有至关重要的作用，不管主播准备了多少直播内容，如果没有一个好的开场，就会事倍功半，甚至徒劳无功。一般来说，开始直播时观看人数较少，这时主播可以通过"剧透"直播商品的方式进行预热。主播可以热情地与用户进行互动，引导其选择喜欢的商品。用回复口令进行互动的方式很快捷，直播评论区一般会形成"刷屏"之势，从而调动起直播间的气氛，为之后的直播蓄能。

2. "宠粉款"开局

预热结束后，直播间的氛围已经开始升温，主播这时可以宣布直播正式开始，并通过一些性价比较高的"宠粉款"商品继续吸引用户，激发其互动热情，增强用户的黏性。在这一步尤其需要注意的是，"宠粉款"商品千万不能返场，即使用户要求返场的呼声再高，主播也不能心软，可以告诉用户第二天直播仍会有性价比超高的商品，以此提升用户留存率。

3. "爆款"打造高潮

在这一步，主播要想办法营造直播间的氛围。这一步所占用的时间可以占到整场直播时间的80%，但只介绍20%的商品。主播可以利用直播最开始的"剧透"引出"爆款"，并在接下来的大部分时间里详细介绍"爆款"商品，通过与其他直播间或场控的互动来促成"爆款"的销售，将直播间的购买氛围推向高潮。例如，某主播在销售高跟鞋时，推荐的不再是低价、"宠粉款"商品，而是168元的外贸原单，属于高客单价商品，但互动和想要购买的用户仍然很多，因为只要在直播间停留5分钟，关注主播，并打出3遍"高跟鞋"口令，就可以领取70元优惠券。对于这种高客单价的商品来说，这种优惠非常让人心动，且每人仅限一双，因此用户的参与热情很高涨。

4. "福利款"制造最高观看人数

在直播的下半场，即使观看直播的人数很多，还是会有不少用户没有成为主播的粉丝。为了让这些用户关注主播，成为主播的粉丝，或让新粉丝持续关注主播，主播就要推出"福利款"商品，推荐一些超低价或物超所值的精致的小商品给用户，引起积极互动，从而制造直播间下半场的小高潮，提升直播观看人数。

5. 完美下播，为下场直播预热

很多主播经常忽视直播结束前的下播阶段，认为反正都要下播了，自己可以随意一些。不过，"行百里者半九十"，主播在直播结束时更不能马虎，否则会让用户感受不到被重视的感觉。另外，如果主播能利用好下播阶段，那么不仅可以有效提升下播时的直播观看人数，还能提升下次开播时的直播观看人数。主播在下播时可以引导用户点赞，分享直播；使用秒杀、与用户聊天互动等方式，在下播之前再制造一个小高潮，给用户留下深刻的印象，使用户感到意犹未尽；同时，主播可以利用这一时间为下次直播预热，大概介绍下场直播的福利和商品等。

二、调动直播间人气的实施方法

直播时主播不能只顾自己说话，一定要引导用户热情地互动，营造直播间活跃的氛围。直播间的热烈氛围可以感染用户，吸引更多的用户进来观看直播。直播间的互动玩法很多，如发红包、抽奖、"连麦"、举办促销活动等。

1. 巧妙地派发红包

给用户具体、可见的利益，是主播聚集人气、与用户互动的有效方式之一。直播期间，向用户派发红包的步骤一般分为3步，如表4-2所示。

表4-2　派发红包的步骤

派发红包的步骤	具体做法
约定时间	提前告诉用户，5分钟或10分钟以后准时派发红包，并引导用户邀请朋友进入直播间抢红包，这样不仅可以活跃气氛，还会提升直播间的流量
站外平台发红包	除了在直播平台上发红包，主播还可以在其他平台上向用户派发红包，并提前告知用户，抢红包的条件是加入粉丝群。这一步是为了向站外平台"引流"，便于直播效果发酵
派发红包	到达约定的时间后，主播或助理就要在平台上发红包。为了营造热闹的氛围，主播最好在发红包之前进行倒计时，让用户产生紧张感

不同的直播间发红包的方式也有所不同，每个直播间都要找到适合自己的红包派发方式。下面以在线人数不超过20人的新直播间和在线人数超过200人的成熟直播间为例，介绍如何巧妙地派发红包。

（1）在线人数不超过20人的新直播间

很多直播间在玩"孤品模式"，就是单款单件，主播每介绍完一件商品，就让有需要的用

户在评论区输入"×",并让他们点进某一个链接进行下单。这种方式并没有错,但对于新直播间来说,前期粉丝数量很少,如果用这种方式,那么效果可能不会太好。这时,可以采用派发红包的方式来提升直播间的人气。记住,一定要让用户进入粉丝群,在粉丝群中派发红包。派发红包有以下3个好处。

① 发红包可以解决直播间在线人数太少、无人互动的尴尬局面。因为红包对于用户的诱惑力是很大的,所以用户会积极参与。另外,这同样也是一种互动方式,用户在互动的同时也慢慢建立了对主播的信任。

② 发红包可以解决直播观看人数少的问题。由于用户必须关注主播才能进粉丝群,因此发红包可以提升直播间的观看人数。

③ 每介绍完一款商品就派发一次红包,这样可以延长用户在直播间里的停留时长。主播要在介绍完商品并等待用户输入指定内容、拍下订单后派发红包。主播可以这样说:"好了,现在又进入我们的红包环节了,我们要在粉丝群里发放大额红包,没有进群的用户赶紧进粉丝群了!点击直播间左上角主播的头像,进去会看到"关注"和"粉丝群"选项,点击"粉丝群"就能进群了。快来吧,主播马上就要发放大额红包了!"为了使用户更清楚如何操作,主播可以拿着手机,对着镜头演示如何进粉丝群。主播可以倒计时,让用户做好准备,并在发完红包以后打开群,在镜头前展示抢红包的人数。

(2)在线人数超过200人的直播间

对于在线人数超过200人的直播间,或不适合组建粉丝群的直播间,主播可以通过某支付平台派发红包。这样做可以增加直播间的互动量,引导用户关注主播,同时可增加用户的停留时长,增加直播间的转发量。具体玩法如下。

① 在某个节点发红包,例如,点赞满2万时发红包。千万不要卡固定时间点,整点发红包、每半个小时发红包等,因为这样用户有可能会只等待固定时间点抢红互动性会差很多。只有通过用户的互动达到发红包的节点,用户才会更有参与的积极性,从而更快地提升直播间的人气。

② 红包金额不能太少。例如,点赞满2万,主播要发红包,这时可以说:"好了,现在我们开始发红包,红包金额最低200元。"主播要一边说,一边拿着手机对着镜头演示如何关注,引导用户关注自己并抢红包。这一操作可以持续5分钟左右,耗时不能太长。在这段时间内,主播要不断重复和强调发红包的金额,并在镜头下演示如何抢红包,直播助理要在旁边烘托气氛。发完红包之后,主播要在镜头下展示,让用户知道有多少人抢到了红包,红包金额有多少,增强抢红包活动的真实性,从而激发用户更多的参与热情。

除了直接发放现金红包,主播还可以发放"口令红包"。口令红包是指在红包中设置输入口令(一般为商品或品牌的植入广告语),接收红包的人在输入口令的同时就对商品或品牌产生了一定程度的印象,并加深了对商品或品牌的记忆。一般来说,口令红包多采取优惠券的形式,即用户在收到红包以后,必须购买指定商品才能使用红包,否则这个红包就没有任何意义。因此，在抢到红包以后，很多用户会选择购买商品，以免浪费红包，这就提升了用户的购买转化率。要想获得更好的营销效果，主播可以对口令红包的使用做出限制，如表 4-3 所示。

表 4-3　口令红包的使用限制

使用限制的类型	说　　明
使用条件	红包必须满足一定条件才能使用，如"满 99 元可使用"
使用期限	红包必须在限定的时间内使用才能获得购买优惠

2．设置抽奖环节

直播间抽奖是主播常用的互动玩法之一，但很多主播对抽奖的效果并不满意。有的主播认为，每次抽奖都要花费一些时间，严重影响卖货节奏；有的主播认为，用户抽奖倒是很活跃，但抽完奖就会退出直播间，几乎不买货，感觉抽奖就是在浪费时间。这两种说法其实都有些偏颇，产生这种想法的根本原因在于他们没有真正理解抽奖的意义，即互惠互利法则。

用户能为抽奖环节停留，这本身就是一种互惠互利，因为用户的时间也是宝贵的，只要用户在直播间里停留，本质上就是在用自己的时间与奖品进行交换。要知道并不是所有用户在抽完奖之后就会离开直播间，其实有很大一部分用户会被吸引，并关注主播，以及产生后续的购买行为。

对于主播来说，用户平均停留时间体现了用户黏性，而这种黏性是需要慢慢形成的。只要有利于增加用户的平均停留时间，使用户黏性增加，都是值得采用的方法，谈不上浪费时间。不过，主播一定要设计好抽奖环节，虽然奖品是利他性的，但最终结果一定要利己，这才能真正做到互惠互利。抽奖要遵循以下 3 个原则：①奖品最好是在直播间里推荐过的商品，可以是"爆品"，也可以是新品；②抽奖不能集中抽完，要将抽奖环节分散到直播的各个环节；③主播要尽量通过点赞数或弹幕数把握直播的抽奖节奏。抽奖环节的具体设置形式有以下 4 种，如图 4-10 所示。

图 4-10　抽奖环节的具体设置形式

（1）签到抽奖

主播要每日定时开播，在签到环节，如果用户连续七天来直播间签到、评论，并保存好评论截图发给主播，那么当主播将评论截图核对无误后，即可赠予用户一份奖品。主播开播前1个小时是直播的黄金时间。如果第1个小时直播间的在线人数多，那么主播不仅可以在与同时段的其他主播竞争中获胜，还意味着拥有更长的用户停留时间和更高的商品销量。另外，主播积极地与用户进行互动，营造热烈的互动氛围，会让用户的情绪高涨，同样有利于延长用户的停留时间，进而产生更好的销售效果，从而形成良性循环。

（2）点赞抽奖

主播在做点赞抽奖时，可以设置"每增加2万点赞就抽奖一次"。这种活动的操作比较简单，但要求主播有较强的控场能力，尤其是在做秒杀活动时，如果刚好到2万点赞，主播可以和用户沟通，承诺在做完秒杀活动以后立刻抽奖。点赞抽奖的目的是给用户持续的停留激励，让黏性更高、闲暇时间更多的用户在直播间里停留更长的时间，而黏性一般的用户会增加进入直播间的次数，直接提高了用户回访量，从而增加直播的每日观看人数。

（3）问答抽奖

主播在做问答抽奖时，可以在秒杀活动中根据商品详情页的内容提问题，让用户在其中找到答案，然后在评论区评论，最后主播选择回答正确的用户参与抽奖。问答抽奖可以提高商品点击率，用户在寻找答案的过程中会对商品的细节有更深入的了解，增加对商品的兴趣，进而延长停留时间，提高购买的可能性。另外，用户的评论互动可以提高直播间的互动热度。

（4）秒杀抽奖

秒杀抽奖分两次，一是在主播"剧透"商品之后，秒杀开始之前抽奖。主播在"剧透"商品时要做好抽奖提示，这样可以让用户更清楚地了解商品的信息，增加下单数量，同时延长用户的停留时间。二是在秒杀之后，"剧透"新商品之前抽奖，主播要做好抽奖和新商品介绍切换的节奏把控。主播在直播间抽奖环节经常犯的错误有很多，如表4-4所示。主播要尽量避免出现以下这些错误，从而更好地引导用户进行互动，更充分地发挥抽奖环节的作用。

表4-4 主播抽奖环节常犯的错误

抽奖环节常犯的错误	正确方式
无明显告知，用户在进入直播间时无法在第一时间知道抽奖信息	通过"口播""小喇叭公告""小黑板"等多种组合方式来说明抽奖
无规则、随意	明确抽奖的参与方式，以点赞量达到某个标准为规则开始抽奖，避免整点抽奖
抽奖环节无任何互动	主播提醒用户发送指定的"弹幕"和评论，以活跃直播间的氛围，然后启动后台抽奖界面，提醒用户关注主播，提高中奖概率
抽奖只有一次，没有节奏	抽奖要有节奏，抽奖一次以后，需要先公布中奖用户，并告知下一次抽奖的条件，以延长直播时长，增加粉丝量

3. 与主播、名人合作

如果有条件，主播可以经常在直播间与其他主播或名人合作直播，合作直播一般分为与其他主播"连麦"、邀请名人进直播间两种形式。

(1) 与其他主播"连麦"

在某些直播平台，主播之间"连麦"已经成为一种常规的玩法。所谓"连麦"，就是指正在直播中的两个主播连线通话。"连麦"的应用场景有以下2种。

① 账号"导粉"。账号"导粉"是指引导自己的粉丝关注对方的账号，对方也会用同样的方式来实现互惠互利。在引导关注时，主播可以与对方主播交流，还可以引导自己的粉丝去对方的直播间抢红包或福利，带动对方直播间的氛围。

② 连线PK。连线PK（对抗）的形式通常是两个主播的粉丝竞相刷礼物或点赞，以刷礼物的金额或点赞数判决胜负。这种方式更能刺激粉丝消费，活跃直播间的气氛，提升主播的人气。很多主播在做连线PK时会觉得很尴尬，担心自己会冷场，或感觉自己废话太多，担心自己的目的性太强，不利于打造自己的人设等，但作为一名主播，应自然、轻松地应对各种情况。另外，主播可以创新更多的PK玩法，以激发粉丝的互动热情，使直播间的气氛迅速升温。

(2) 邀请名人进入直播间

一般来说，有能力邀请名人进入直播间的主播大多是影响力较大的"头部主播"，且名人进入直播间往往与品牌宣传有很大的关系。名人与主播的直播间互动可以实现双赢，因为名人的到来会进一步增加主播的粉丝量，并且名人与主播共同宣传，对于提升主播的影响力会有很大的帮助。与此同时，主播也会利用自己的影响力为名人代言的商品进行宣传推广和销售。值得一提的是，"头部主播"邀请名人进入直播间也是主播积累社交资源的重要方式。

4．企业领导助播

很多企业领导看准了直播的影响力和营销力，纷纷开始站到直播镜头前"侃侃而谈"，且大多数企业领导所参与的直播都获得了成功。企业领导亲临直播间为主播"站台"，也在一定程度上提升了主播的影响力。例如，国内某知名企业家曾于2018年"双十一狂欢节"在某网红的直播间与网红PK直播卖口红，看谁卖的口红数量最多。由于该企业家知名度很高，其直播平台又属于自己的公司，按理来说该企业家不会输，当天用户对直播都很期待，因此直播间的流量不是问题。PK的最后结果是"网红"卖出了1000支口红，而该企业家只卖出了10支口红。该企业家的销售结果让人意外，这场直播也被广泛热议。由此可见，企业领导助播不仅能够增加直播间的人气，为直播增加话题性，还能为主播带来极大的影响力。

5．设计促销活动

在直播"带货"时，主播的本质角色就是销售人员，其最大的目的就是把商品销售出去。对于电商直播来说，开展促销活动是提升直播间销量的有效方式。主播可以根据自身情况设计以下类型的促销活动。

(1) 纪念促销

现在很多人都崇尚仪式感，纪念促销利用的就是人们对于特殊日期或节日的一种仪式感心理。纪念促销的形式大致有4种，如表4-5所示。

表 4-5　纪念促销的形式

纪念促销的形式	举　　例
节日促销	春节、六一儿童节、情人节
会员促销	IP 特价、会员日活动、消费满××元成为会员
纪念日促销	生日特惠、店庆特惠
特定周期促销	每周二上新、每月一天半价

（2）引用举例式促销

引用举例式促销是指在促销时重点介绍商品的优势、功能和特色，或对商品的使用效果进行介绍，并对比使用前后的效果。在介绍新品时，主播往往会以折扣价进行销售，如"新品九折""买新品送××"等。

（3）限定促销

限定促销是利用人们"物以稀为贵"的心理，为用户创造一种该商品比较稀少的氛围，使用户认为该商品与众不同，或限定购买的时间，使用户产生紧迫感，从而尽快做出购买行为。限定促销的形式大致有 3 种，如表 4-6 所示。

表 4-6　限定促销的形式

限定促销的形式	举　　例
限时促销	秒杀、仅限今日购买
限量促销	仅剩 100 件、限量款
单品促销	只卖一款、孤品限定

（4）组合促销

组合促销是指将商家可控的基本促销措施组成一个整体性活动。用户作为消费者，其需求是多元化的，要满足他们的需求可以采取的措施有很多。因此，主播在做促销活动时，必须利用一些基本性措施，合理地组合商品，充分发挥整体性优势和效果。组合促销的形式大致有 3 种，如表 4-7 所示。

表 4-7　组合促销的形式

组合促销的形式	举　　例
搭配促销	套装半价起售、冬季温暖优惠组合装
捆绑式促销	买护肤品送面膜、加 10 元送袜子
连贯式促销	第二份半价

（5）奖励促销

主播在做直播促销时，要让用户在接收营销信息的同时获得奖励，他们在获得奖励以后，心理上会产生一种满足感和愉悦感，对主播的信任度和其所推荐的商品的购买欲望也会大幅度地提升。奖励促销的形式大致有 3 种，如表 4-8 所示。

表 4-8　奖励促销的形式

奖励促销的形式	举例
抽奖式促销	购买商品抽奖、关注主播抽奖、抽取幸运粉丝
互动式促销	签到有礼、收藏有礼、下单有礼
优惠券式促销	赠送优惠券、抵价券、现金券、包邮券

（6）借力促销

借力促销是指借助外力或别人的优势资源来实现自己制订的营销目标的促销活动。相对于广告等传播手段，借力促销可以起到以小搏大、事半功倍的效果。借力促销的形式大致有3种，如表4-9所示。

表 4-9　借力促销的形式

借力促销的形式	举例
利用热点事件促销	某手机品牌启动6G研究
名人促销	某名人同款
依附式促销	某综艺节目官方指定品牌

（7）临界点促销

临界点促销主要是买卖双方围绕价格开展的心理战。主播采用临界点促销形式，可以给用户营造一种占便宜的感觉。当成交过程中的关键临界点被突破时，用户会对商品动心并做出购买行为。临界点促销的形式大致有3种，如表4-10所示。

表 4-10　临界点促销的形式

临界点促销的形式	举例
极端式促销	全网最低价、找不到更低的价格
最低额促销	低至5折、最低2折起
定时折扣促销	定时打折清货

（8）主题促销

促销主题是整个促销过程的灵魂，如果促销活动师出无名，那么就会缺乏说服力和吸引力。好的促销主题可以给用户一个充分的购买理由，有效地规避"价格战"对品牌的影响。促销主题要符合促销需求，用简洁、新颖，有亲和力的语言来表达，在保持品牌形象的基础上做到易传播、易识别，时代感强、冲击力强。主题促销的形式大致有3种，如表4-11所示。

表 4-11　主题促销的形式

主题促销的形式	举例
首创式促销	"双十一"购物狂欢节、"6·18"购物节
公益性促销	拯救大熊猫、保护水资源
特定主题式促销	感恩大回馈

（9）时令促销

时令促销分为两种，一种是季节性清仓销售，在季节交替间隙进行一波大甩卖，或针对滞销款商品，以"甩卖""清仓"的名义吸引喜欢用户。另一种是反时令促销。一般来说，季节性商品有旺季和淡季之分，消费者往往会按时令需求购买商品，缺什么买什么，而商家也基本上按时令需求供货，所以很多商品在旺季时销量非常高，但在淡季时却十分惨淡。但是，有些商家反其道而行之，在盛夏时节销售滞销的冬季服装，这就是反时令促销。主播在直播时可以与这些商家合作，推广商家的反时令商品，很多用户往往会因为商品便宜而选择购买。

当然，促销的方法多样，有悬念式促销（不标价、猜价格）、通告式促销（规定销售日期、某月某月新品首发）等其他类型的促销方式。只要有效果，任何促销方法都可以试一试，主播要学会不走寻常路，这样才有可能出奇制胜。

三、维护直播间粉丝的方法

主播通过直播吸引用户关注并不是其最终目的，而是促进直播转化的一个重要途径。主播粉丝数量的增加可能会提升直播"带货"的数据，但要想一直维持下去，保持良好的运营效果，就必须做好粉丝运营工作，以维持粉丝的黏性，给粉丝继续关注主播及其直播间的动力。要想做好粉丝运营，主播就要学会洞察粉丝的消费心理。粉丝群体的类型多种多样，消费心理都有所不同，主播只有深刻了解他们的消费心理，才能对症下药，找到合理的直播营销策略。

进入直播间的粉丝大概可以分为以下 4 种类型，如图 4-11 所示：

1. 对高频消费粉丝的维护

高频消费粉丝对主播已经产生了信赖和认可，大量的购买行为、后续反馈和长期在线互动积累出来的社交关系已经培养了这些粉丝稳定且习惯的购物环境和购物预期。对于这类粉丝，主播要做到以下 3 点。

图 4-11　进入直播间的 4 种粉丝类型

① 保证库存的丰富度。粉丝虽然时刻关注主播，但人都是喜新厌旧的，如果主播推荐的商品库存比较单一，粉丝多次看到重复的商品，那么他们渐渐就会失去兴趣，从而降低了对主播的关注度。

② 保证价格和质量优势，这是吸引粉丝的最本质的因素。粉丝来电商直播间的主要目的就是购物，因此提供的商品一定要物美价廉，如果商品价格不实惠或质量不过关，那么他们也就没有了关注主播的动力。

③ 沟通到位。主播在直播间看到粉丝时要保持饱满的情绪，积极与粉丝沟通，同时积极回复粉丝的问题，做好售后工作。

2. 对低频消费粉丝的维护

粉丝消费频率较低的原因有很多，例如，他们没有看到自己喜欢的商品或近期消费额度已经超过预期，或不太了解商品等。但主播会认为，他们之所以消费频率低，很大程度上是为了降低前期的试错成本，毕竟他们还不太信任主播，再加上主播未对这些粉丝进行有效的引导或尚未重视这些粉丝，如直播间"弹幕"滚动太快、太多，主播没有及时地看到这些粉丝的询问，导致这些粉丝感觉自己不被重视。这就更加深了粉丝与主播之间的隔阂，其消费频率当然不会很高。对于这类粉丝，主播要做到以下3点。

① 提升直播间库存的丰富度。主播要丰富直播间的库存，提高新粉丝看到满意商品的概率，这意味着更大程度上满足了粉丝对商品的需求，从而提升粉丝对主播的好感度。

② 详细介绍商品。主播要用专业的态度和知识介绍商品的特征和优势，语言要简洁明了，快速地让粉丝明白自己是否需要该商品，从而决定是否购买。

③ 提供新客专属福利。主播可以为新粉丝提供专属福利，如赠送商品等，使这些新粉丝感受到主播的诚意。

3. 对其他电商主播粉丝的维护

这类粉丝对其他主播是有认知和信任的，他们大多会按约定时间来到主播的直播间，但也有可能看平台推荐的其他主播。例如，他们喜欢的主播今天没有直播，于是随便到直播广场逛逛，就很有可能来到了其他主播的直播间。这时，这类粉丝对新遇到的主播尚未建立认知和信任，对主播推荐的商品质量、商品种类丰富度和售后服务等情况都处于观望状态。对于这类粉丝，主播要做到以下两点。

① 低价引导。主播介绍的商品价格一定要足够低，最好比其他主播的商品价格还要低一些，这样可以刺激这些粉丝的价格敏感心理，获得他们的关注。同时，主播要及时引导这些粉丝关注自己，并向其承诺关注自己会获得什么好处。

② 提供新客专属福利。主播可以为新粉丝提供专属福利，如赠送商品等，使其感受到主播的诚意。

4. 对平台新手粉丝的维护

直播电商与传统电商有所不同，平台新手粉丝只习惯自己到电商平台通过搜索商品的方式进行购物，而对直播电商购物的认知还不多，因此对直播电商的信任感也不强。同时，他们对直播电商平台的操作规则也不了解，即使想购买商品，也不懂得如何购买。他们可能因为主播的非电商相关特点如颜值、搞笑等而进入了直播间，或不了解平台的功能，因为错误操作而进入了直播间。对于这类粉丝，主播要做到以下3点。

① 展现专业度。主播要想给粉丝留下良好的印象，展现专业度就是有效的方法之一。专业的知识和态度、主播本人的气场和谈吐，都可以增强粉丝对主播的信任。

② 加强消费引导。这类粉丝进入直播间的目的性比较弱，所以主播要加强消费引导，强

调购买商品带给粉丝的利益，或利用优惠券、红包、抽奖等活动形式吸引粉丝购买商品。

③ 积极与粉丝互动。与粉丝互动除了加强消费引导，还可以拉近主播与粉丝之间的心理距离，增强粉丝对主播的信任，这样有利于购买转化率的提升。

四、提高粉丝的黏性

在传统电商中，运营的核心是商品，粉丝是否继续关注店铺或复购，首先要看的是粉丝对商品的满意度。而直播电商除了要注重商品品质，更重要的是以人为本，主播要直接与粉丝进行"一对一"或"一对多"的互动，这是为了留住粉丝并加深粉丝信任而必须要经历的过程。在明确了粉丝运营的核心以后，主播在进行粉丝运营时，可以通过以下策略来提升粉丝的黏性。

1．引导粉丝加入"粉丝团"

用户通过付费可以加入主播的"粉丝团"，在直播间享受粉丝权益，还可以通过做"粉丝团"的任务来提升自己和主播之间的亲密度。用户加入主播"粉丝团"的主要目的是得到主播的关注，让自己在直播间有更多的存在感和归属感。加入主播粉丝团的粉丝拥有"粉丝团"成员的专属粉丝徽章，且在直播间聊天时可以展示特殊的昵称颜色，还可以发送特殊样式的"弹幕"，拥有特殊的进场特效，这让其更容易获得主播的关注，增加了与主播互动的机会。另外，加入"粉丝团"的粉丝还可以获得"粉丝团"专属福利，参与"粉丝福利购"，以最低的价格买到最合适的商品，而且其提出的问题也会被主播优先解答。主播要时刻记得提醒用户关注自己，并加入"粉丝团"。以某平台直播为例，用户只要关注主播，头像右侧就会出现"加入粉丝团"的提示，很快会变成一个图形标志，粉丝点击"加入粉丝团"。

2．打造人格化IP

主播要想成功地打造人格化IP，就要把粉丝"引流"到私域流量池，"引流"一般是通过加联系方式或建立粉丝群的方式来完成的。在运营自己的私域流量时，主播要为粉丝树立正面的形象，打造差异化人格，并不断强化人格属性，如展示自己的真实生活，进行自我包装等。人格化IP通常更容易让粉丝产生亲近感和崇拜感，有利于加强粉丝对主播的信任和依赖，这时粉丝会为主播进行口碑宣传，这大概是成本最低、最有效的宣传方式了。

3．创作优质内容

粉丝进入主播的私域社群后，其实并不希望一直看到主播刷屏卖东西，所以主播要转换思路，用优质内容代替刷屏销售。创作优质内容是指给粉丝持续性地提供有价值的内容，例如，某主播主营美妆商品，其目标受众为在校学生，那么主播可以在社群内每天定时发布一些与平价美妆相关的知识，这样，粉丝就会形成观看习惯，同时增加了对主播的信任。

除了创作优质内容，主播还要学会对粉丝进行分层运营，也就是将粉丝进行分类，根据粉丝的购买习惯和特征给粉丝做标签，对不同标签的粉丝分发适合其阅读和观看的内容。

4．高效互动

不管是在直播中还是在直播结束后，主播与粉丝之间的互动都很重要。主播在直播中与粉丝互动，是为了增加粉丝的停留时长，以提高购买转化率，而直播结束后的互动是决定粉丝是否会成为忠实粉丝的关键因素。因此，主播在把粉丝"引流"到私域流量池以后，要经常与其进行互动。互动的方法有以下3种。

（1）发起话题

主播可以发起容易引起讨论、使人产生共鸣的话题，如情感和热点事件等，以使粉丝热烈讨论，从而增加对主播的认知。

（2）抽奖

主播可以偶尔在社群进行抽奖，这种玩法虽然简单、直接，但往往十分有效，因为抽奖可以让粉丝一直有一种期待感和参与感。

（3）举办粉丝活动

主播可以定期举办一些粉丝活动，包括线上活动和线下活动，以提高粉丝的参与感，而且定期举办活动会形成自己的特色，为品牌推广赋能。

【任务反思】

1．请你全程参与一场直播活动，并记录下该直播间都运用了哪些调动直播间人气的方法，效果怎么样？请你复盘看到的直播活动，分析它的人气启动方法。

2．对不同类型的粉丝，你认为哪些粉丝对直播活动最有价值？我们该如何促进其他粉丝向最有价值的粉丝转化？

【项目小结】

直播的实施和执行是直播电商的核心环节。不管是在前期的准备和预热，还是线上直播环节，以及对粉丝的维护，都涉及直播的转化率。在直播电商的实施和执行环节，主播一定要有充分的准备，强有力的执行和完备的预案，这样才能保证在线上直播时能应对各种情况，另外还要有灵活的应对策略，面对直播时出现的突发情况，能灵活、巧妙地处理。

当然，这不仅需要理论指导，还需要大量的直播实践，积累丰富的直播经验。在每次直播完成后，主播应认真做好直播复盘工作，总结每次直播的不足和优点。不积跬步，无以至千里，相信只有认真学习直播理论，大胆进行直播实践，就一定能掌握直播电商的相关技能。

【项目测试】

1．直播标题的类型有哪些？

2．直播标题的写作有什么技巧？

3．直播话术的设计方法有哪些？

4. 直播封面图设计原则有哪些？

5. 调动直播间人气的方法有哪些？

6. 直播粉丝的类型有哪些？

7. 提升直播粉丝黏性的方法有哪些？

【项目实训与评价】

项目实训工作页

项目名称		实训项目四 直播电商实施与执行		
任务名称		休闲食品直播的实施		
任务用时		90 分钟	实训地点	电商实训室
任务下达	1. 实训目标 （1）掌握直播的预热环节和渠道的选择。 （2）掌握直播标题和直播封面的设计和制作。 （3）掌握直播话术的创作。 （4）掌握直播间人气调动的策略和粉丝维护的方法。 2. 实训内容 结合本章内容，请你选择一款休闲食品，策划并实施一场直播，完成直播的预热、直播标题的制作、直播话术的创作，并在直播过程中学会调动直播间的人气，在直播结束后学会维护粉丝。 3. 实训要求 （1）选择一款你熟悉的休闲食品来策划、实施直播活动。 （2）需要运用私域和公域场景来预热直播活动。 （3）直播标题的制作要吸引粉丝，并且直播封面的制作要有视觉营销效果。 （4）在直播前要准备直播话术，直播话术中要提及直播间人气调动的环节。 （5）要有维护粉丝的策略和方法。			
资源收集记录	1. 任务资源 2. 资源收集			
计划与实施	1. 任务设计分析 该任务以休闲食品直播为载体，全程为休闲食品的直播活动。从直播预热渠道入手，拟定一个吸引用户的直播标准，设计制作一个让人赏心悦目的直播封面，编写一篇直播话术，同时在直播的过程中，要充分调动直播间的人气，提高转化率，并学会维护直播间的粉丝，提高粉丝的黏性。 2. 实施计划 3. 实施要点与关键数据记录			

续表

总结评价与反馈	1．总结反思 2．自我测评 3．教师点评	
学习拓展		

项目实训（综合评价表）

评价项目	评价内容	评价标准	评价方式		
			自我评价	小组评价	教师评价
职业素养	安全意识责任意识	A．作风严谨、自觉遵章守纪、出色地完成工作任务 B．能够遵守规章制度、较好地完成工作任务 C．遵守规章制度、没完成工作任务，或虽完成工作任务但未严格遵守规章制度 D．不遵守规章制度、没完成工作任务			
	学习态度主动	A．积极参与教学活动，全勤 B．缺勤达本任务总学时的10％ C．缺勤达本任务总学时的20％ D．缺勤达本任务总学时的30％			
	团队合作意识	A．与同学协作融洽、团队合作意识强 B．与同学能沟通、协同工作能力较强 C．与同学能沟通、协同工作能力一般 D．与同学沟通困难、协同工作能力较差			
专业能力	实训项目四直播电商实施与执行	A．实训任务评价成绩为90～100分 B．实训任务评价成绩为75～89分 C．实训任务评价成绩为60～74分 D．实训任务评价成绩为0～59分			
创新能力		学习过程中提出具有创新性、可行性的建议	加分奖励		
学生姓名			综合评价等级		
指导教师			日期		

项目五

直播电商的效果评估与优化

【学习目标】

1. 了解直播电商效果评估的基本步骤。
2. 掌握直播电商效果评估的数据分析。
3. 掌握直播电商效果评估的指标优化。
4. 学习直播电商效果评估优化具体操作案例。

引例

企业大规模进入"直播带货"市场

2020年,"直播带货"这个概念逐渐普及。据艾媒咨询报告:2020年,中国直播电商交易规模预计达到9160亿元,相对于其他电商模式,直播电商具有传播路径更短、效率更高等优势,同时商家、平台、主播和消费者四方都将受益于直播电商模式。

以往,很多企业对于自建平台持观望态度,对于品牌自身的流量也过于"佛系",甚至经过公有平台重新整合后,原本的私域流量也被"公域化"了,甚至给了竞争对手获取自身私域流量的机会,以至于企业自建直播平台成为了当下的热门选择。而稳定性、数据安全性、可控性、数据精细化等因素都是大型企业在进行直播电商平台搭建时会综合考量的。

企业直播的用户数据精细化,就是让数据变成"洞察",让企业比用户更懂用户。

一场直播的结束并不意味着销售的结束,整场直播的数据需要详细的总结与分析,从全场的直播情况到每位用户的观看行为,都要体现出精细化。比如在某位用户在观看直播的过程中,某分享、收藏、下单、付款等每个环节所对应的直播时间,以及主播讲了什么内容吸引用户将商品加入购物车或下单购买,又讲到了什么内容,导致用户取消订单等,都需要很精细化的分析与复盘。如果主播拥有私域社群，那么此时可以整理出一些用户在直播过程中感兴趣的商品，及时促进其转化。

所以企业需要对每场直播做好复盘，提炼问题加以改进。除了直播技巧，商家还可以选择自己信赖的直播服务机构和平台，来进一步精细化地运营直播。

据"36氪"发布的《2020年中国企业直播研究报告》中提到，当前企业直播服务市场的竞争格局相对明确，已出现头部领跑企业。

思考：1. 直播电商是否只要直播完毕就可以了？
2. 直播结束后的复盘需要分析哪些数据？

任务一　直播电商效果评估的基本步骤

直播电商效果评估是直播中的一个重要环节，通过直播过程中各个项目要素和数据分析的效果评估，可以直观地展示出每次直播的效果是否达到预期目标，是否在哪个环节出现了问题，从而帮助主播和企业工作人员更好地完成工作任务。在这里，我们会把直播电商效果评估的流程拆分出来，并形成一套完整的基本评估步骤。

一、直播电商效果评估的重要性

如何能够提高直播电商的质量，如何能够提高直播的推广效果，如何更好地完成企业布置的工作任务目标，这一切都从直播电商效果评估的结果开始。效果评估就是把今天已经结束的直播，从头到尾结合相关数据再梳理、评估并加以分析，通过分析寻找不足和漏洞，来优化下一次直播。在很多企业中，电商直播作为一种重要的营销方式，做得好能够给企业带来丰厚的经济效益，但是如何做得越来越好，效果评估分析与改进就成了核心的工作内容。一个好的主播在卖同一款商品的时候，通常要多次评估直播效果，进而才能看到直播的变化和数据的变化，直播过程中哪些动作和话术是优秀的并提升了数据，哪些动作和设计是不足的而影响了数据，都是可以发现的。基本上直播效果评估五六次以后就可以减少同一款商品的评估了，因为这个时候主播和推广的配合已经比较成熟，评估的效果也基本上优化得很好了，接下来需要的更多是流量的推送了。

二、直播电商效果评估的阶段

直播电商效果评估是有一定顺序的。一个成熟的直播团队要经过至少四次反复评估，并且每次都要进行差异化的分析。第一次的效果评估可以理解为测播的效果体验，指的是不加入推广等大份额资金的投入，主要是为了让主播熟悉产品、话术、直播流程配合等内容，具体包括主播直播过程中话术的流畅度和严谨度，话术卡和道具等在直播过程中的应用是否符合直播节点，产品的卖点和价格等内容是否讲解清晰。初次的效果评估不以数据结果为主要导向，重点关注的是主播的语言是否严谨、不违规，产品逻辑是否清晰，其目标就是帮助主播尽快地与产品磨合，分析出自己的不足。

在经过第一阶段的初步熟悉与评估后，第二次的直播就要结合第一次的优化方案展开了，这次的重点就是验证是否已经改善了前面遇到的问题，并进行第二次评估。第三次直播则正式开始加入推广了，团队通过一定的资金和资源投入来进行推广，为直播间"引流"。这次的直播效果评估将摆脱以主播为核心的评估逻辑，转化到以推广流量为核心，评估重点是取得这次直播的各组标签推广下的数据，从而进行优化，细化出价格、人群、产品的投放时间等，包括流量数据、人气数据、转化数据等量化的数据，也要从这里进行统计，从而进行优化。第四次评估，实际上可以将其理解为长期化的评估阶段，在主播团队整体正常直播的情况下，开始不断地完善与改进。比如，推广的优化方案产生的相关数据是否比上次的评估结果更好，主播团队直播期间哪些话术和动作，使流量数据、人气数据、转化数据和停留时长数据等有大幅度的增加，当然也要关注哪些地方违背了平台规则。以后常态化的直播就要经历不断进行直播电商评估与优化的过程，这个过程的前面阶段最好以固定商品的形式进行，这样的效果评估数据变动才会比较直观，然后后期再进行多产品的直播，如图 5-1 所示。

图 5-1 某电商数据分析后台

【任务反思】

1．直播电商效果评估的步骤有哪些？
2．评估的关键内容包含哪些？

任务二 直播电商效果评估的数据分析

在学习了直播电商效果评估的基本步骤后，就需要了解大部分直播平台常用的数据分析指标，正确认识各项数据指标的类别与其所代表的涵义，了解数据指标的数值与直播效果的相关性与重要性，才能有侧重点地进行优化。通过本任务的学习，我们要知道直播电商效果评估的数据分析的常用指标，并对数据分析的判断标准有一定的掌握。

一、数据分析的常用指标

直播电商团队在运营过程中会产生大量的数据，在平台后台助手的帮助下，部分数据是可以直接获得的，方便我们参考和分析，还有部分数据是平台后台显示不出来的，需要我们加入自己的理解并进行数据整合来发现。只有通过对这些数据的采集和分析，才能帮助我们优化后面的直播效果。

不同的直播电商平台都有自己的独特的数据分析助手，但是基于电商购物的本质，其数据的共通性还是比较直观的，所以我们通用的评估指标主要有：流量指标、人气指标、商品指标、交易指标等，这里我们要学习一些常见的数据概念和缩写，如图 5-2 所示。

图 5-2　直播"带货"数据总览

（一）流量指标：在线人数

在线人数是比较直观的流量指标，在直播过程中可以一直清晰地看到每个时段的在线观看人数，是直播间流量的核心指标。

1. 核心概念

（1）总 PV（浏览量）

① 定义：总的页面浏览量即为 PV（Page View），用户每打开一个页面就被记录 1 次，这里指的是用户每访问直播间 1 次均被记录一次。

② 技术说明：一个 PV 即客户端从网站下载一个页面的一次请求。当页面上的 JS（Java Script）文件加载后，统计系统才会统计到这个页面的浏览行为，有如下情况需注意：用户多次打开同一页面，浏览量值累计；如果客户端已经有该缓冲的文档，甚至无论是不是真的有这个页面，比如 JavaScript 生成的一些脚本功能，都可能记录为一个 PV。但是如果利用平台后台日志进行分析，缓存页面可能直接显示而不经过服务器请求，那么不会将其记录为一个 PV。

③ 涵义：PV 越多证明该页面被浏览得越多。PV 之于网站，就像收视率之于电视，已成为评估网站表现的基本尺度。

(2) 总 UV（访客数）

① 定义：访客数（UV）即唯一访客数，一天之内网站的独立访客数（以 Cookie 为依据）。一天内同一访客多次访问网站只计算 1 个访客。这里指的是访问直播间的总人数（无重复访客数量）。

② 技术说明：当客户端第一次访问某个网站服务器的时候，网站服务器会给这个客户端的电脑发一个 Cookie，记录访问服务器的信息。当下一次再访问服务器的时候，服务器就可以直接找到上一次它放进去的这个 Cookie，如果一段时间内，服务器发现两次访问所对应的 Cookie 编号一样，那么这些访问一定就是来自一个 UV 了。

③ 涵义：唯一访客数（UV）是访客维度看访客到达网站的数量。

(3) 粉丝 UV（访客数）占比

定义：粉丝 UV（访客数）占比指的是粉丝浏览人数与总 UV 之比，体现的是粉丝观看直播的比例。

(4) 访问次数

① 定义：访问次数即访客在网站上的会话次数，一次会话过程中可能浏览多个页面。

② 技术说明：如果访客连续 30 分钟内没有重新打开和刷新直播间，或者访客关闭了客户端，那么当访客下次访问这个直播间时，访问次数加 1。反之，若访客离开后半小时内再返回，则算同一个访次。以上对访客的判断均以 Cookie 为准。

③ 涵义：页面浏览量（PV）是以页面角度衡量加载次数的统计指标，而访问次数则是访客角度衡量访问的分析指标。如果直播间的用户黏性足够好，同一用户一天中多次进入直播间，那么访问次数就会明显大于访客数。

(5) 新访客数

① 定义：一天的独立访客中，历史第一次访问直播间的访客数。

② 涵义：新访客数可以衡量营销活动开发新用户的效果。

(6) 新访客比例

① 定义：新访客比率=新访客数/访客数，即一天中新访客数占总访客数的比例。

② 涵义：整体访客数不断增加，并且其中的新访客比例较高，能表现直播间运营在不断改善。就像人体的血液循环一样，有新鲜的血液不断补充进来，就会充满活力。

(7) IP 数

① 定义：一天之内，使用不同 IP 地址的用户访问网站的数量。其中同一 IP 无论访问了几个页面，独立 IP 数均为 1。

② 涵义：从 IP 数的角度来衡量直播间的流量。

2. 在线人数分析维度

(1) 在线人数的变化曲线

在直播团队开展整场直播中，在线人数在大部分平台是可以被看到的。在线人数的变化可以最直观地反映直播间的热度和内容质量对观众的吸引力，也方便直播团队后期评估时能够清晰地对在线人数的曲线的高低峰节点与直播内容进行结合分析。

（2）在线人数的稳定程度

多场次直播的开展后，可以发现直播间在线人数大部分时间会处在一个稳定的水平线上下，稳定的在线人数代表着目前推广环境下平台用户对直播间的黏性，也是直播团队比较稳定的工作常态，当然也是要突破的目标。这里可以与平均在线人数进行对比，来分析直播效果。

（3）在线人数的总数

在线人数的总数即总观看人次，在固定的直播"带货"时间（即工作时间）的不同时间段进行总人数的统计，可以挖掘出直播的最佳"带货"时间段。

（二）人气指标：互动活跃量

人气指标这里主要指的是互动活跃量，代表的是直播间观众对直播内容的喜爱程度和与主播的互动数量，不是单一的在线人数。互动活跃量包含用户在直播间评论区互相评论交流、加入粉丝团、点赞与分享、人均观看时长等内容。

1．核心概念

（1）互动率

互动率指的是直播期间互动人数（发评论、点赞、分享直播间等互动观众数量）与观看总人数之比，可以看到每次直播参与互动的观众数量比例。

（2）增粉率

增粉率指的是新增粉丝数量与非粉丝观看数量（总观看人数-粉丝回访数量）之比，粉丝回访数量代表的是观看本次直播的老粉丝。这里的"增粉"指的是关注直播间的群体。

（3）加团率

"加团"指的是部分直播电商平台开通的"粉丝团"专属标记内容，观众通过付费送礼物等形式加入"粉丝团"，是在已关注直播间的粉丝群体中比较忠实的粉丝。"加团率"是新加入"粉丝团"的粉丝数量与没有加入"粉丝团"的粉丝数量之比。

（4）粉丝互动率

粉丝互动率指的是在直播间互动的粉丝人数与粉丝总 UV 之比。

（5）人均观看时长

人均观看时长指的是直播间所有观众在直播间总时长与总人数的平均时长之比，反映的是用户停留时间。

2．互动活跃量分析维度

（1）新观众互动数量

新观众的互动数量决定是客户增长数据的基础，可以帮助直播间转化更多的新观众为我们的老观众、老粉丝。

（2）老观众互动数量

老观众即老粉丝在直播间的互动量多能够提升直播间的人气值，提高直播间的评分，好的互动氛围也能够帮助直播间在平台上获得更高的曝光度，同时可能会吸引更多的新粉丝。

（三）商品指标：商品点击量

商品指标主要指的是商品点击量，也是销售量和销售金额的重要基础数据，商品点击量也能体现出直播带货产品中哪些是明星产品，哪些产品的市场影响力低，然后在以后带货直播中进行取舍。

1．核心概念

（1）商品点击人数

商品点击人数表示在一场直播带货中，有多少观众点开了购物车或者在直播链接中点开了商品并浏览了商品页面信息。

（2）商品点击率

商品点击率是指每种有流量的商品的点击次数与总点击次数之比，从中可以看出商品的受关注程度。

（3）加购人数

加购率指的是点击商品并加入购物车的人数。

2．商品点击量分析维度

（1）商品点击量与加购人数

在观众打开商品货架并选购商品的过程中，加购人数越多代表着产品的吸引度越高，需要通过适当的促销手段来提高这部分人群的购买欲望，同时也要与立即下单的客户数量进行对比，可以反向看出促销力度是否符合大部分人的购买预期。

（2）商品点击量与成交转化量

商品点击量与成交量的比例越高，表示商品越符合目前的观众人群消费预期价格，也表示直播间的直播效果较好，同时，该产品也可以作为直播间的"爆品"进行平台"引流"，如图 5-3 所示。

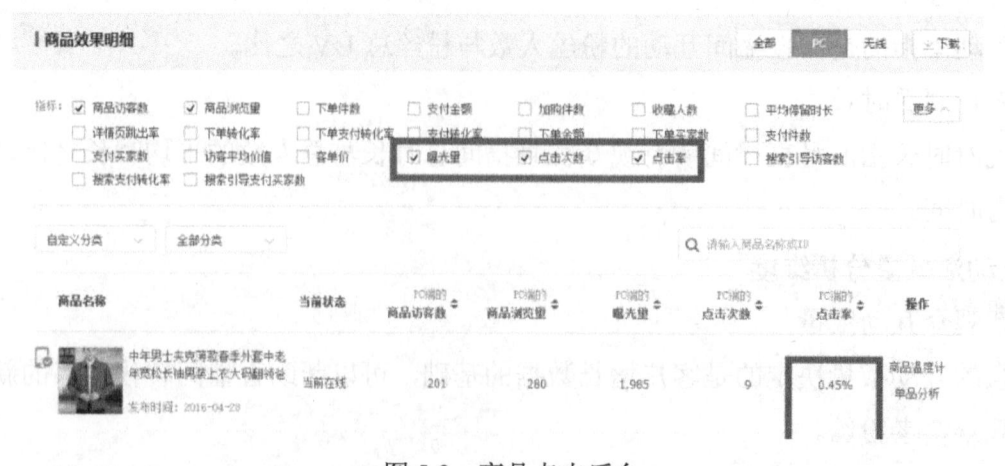

图 5-3　商品点击后台

(四)交易指标:成交转化量

交易指标这里主要指的是成交转化量,也是考核直播电商转化的核心指标,只有成交转化量达到目标,才能代表直播成功了,代表团队获得了盈利。

1. 核心概念

(1)成交转化率

成交转化率指进入直播间观看的观众转化的比例,即购买人数与观看人数之比,数值高说明直播内容和产品越符合观众的购买需求。

(2)客单价

客单价是每一个购买者平均消费的额度,总额度除以购买人数即客单价,代表着直播电商的利润高低。

(3)成交率

成交率是产品上架后的成交单量与当前时段直播间人数之比,反映的是商品选品和价格定位与观众需求的匹配性。

(4)退货率

退货率是退换货的单数与成交单数之比,体现的是产品的质量问题或者是冲动型消费者理智回归的行为。

2. 成交转化量分析维度

(1)成交转化量与总在线人数

电商直播间观众的客户精准度可以通过数值计算来考量,成交转化量除以在线人数的百分比越高,那么进入直播间的观众越符合客户目标群体。该考量数据,由于行业和带货产品的类目不同,因此对比的均值也是不一样的,需要一定的市场调查。

(2)成交转化量与互动活跃量

通过成交转化量除以互动活跃量,可以测算出直播间带货内容质量对活跃观众的吸引购买力,数值越高,表明直播内容越能激发互动观众的购买欲望,越能提升直播间互动观众的消费水平。

二、数据分析的判断标准

直播电商效果评估标准不是固定的,出发点还是在直播团队制定的目标和计划上,具有非唯一性,因此制定的标准也要从实际效果出发与同行业数据对比进行评判。前面我们学习了效果评估的数据分析指标:流量指标、人气指标、交易指标和商品指标,下面我们将结合以下四个方向对评估效果进行判断:品牌曝光程度、直播间观众感受、直播成交转化情况和高品热度。

(一)品牌曝光程度——流量

在直播电商带货过程中,一是主要基于企业自身带货角度来看品牌曝光程度而非"网红"

主播带货方式，企业直播团队在直播间带货，就是通过品牌和产品来不断向直播间观众传播企业文化、产品定位和市场需求等内容，从而树立企业的品牌概念来引导消费者的购买行为。二是根据"网红"本身庞大的流量而去提升商品价值的行为。在直播过程中，若直播间观看人数越多，人气越高且讨论内容积极向上，则表示该企业的品牌植入和推广效果越好。

（二）直播间观众感受——互动

直播期间，直播团队与观众交流沟通的过程就是在相互建立信任的过程。在欢快、友好的氛围中，主播代表企业为观众展示企业的品牌与服务、真实的产品使用感受、售后服务等内容，为企业吸引大量的粉丝和消费者，从而提升直播间观众对企业的好感度。

（三）直播成交转化情况——交易

一场完整的直播带货后，可以从商品的点击量看出本次直播带货的效果，直播团队的设计和直播效果是否真正地把观众引入购物这个环节，商品点击量也是体现直播带货效果比较明显的内容。

（四）商品热度——点击

直播期间的成交转化情况，是电商直播带货的最终成绩单，是将平台流量变现的最终目标，直播前期的投入和产品带来的效益都将在这里得到体现，这也是观众从"路人"到消费者身份的转换。

【任务反思】

1．对直播效果进行数据分析所使用的常用指标有哪些？
2．直播电商效果评估与数据分析的判断标准是什么？

任务三　直播电商效果评估的指标优化

下面我们将开始学习直播电商效果的指标优化，结合直播电商效果评估的指标和判断标准，我们从流量指标的优化、人气指标的优化、商品指标的优化和交易指标的优化四个方面来改善直播效果。

一、流量指标的优化

对直播电商效果进行评估后，发现流量指标低于行业平均水平，通常的原因包括在线人数少和在线人数不稳定。

（一）在线人数少

如果发现直播间在线人数低于同行业平均水平，那么可以判定为总在线人数少。在线人数的提高，前期可以通过站内站外的引流方式和资金投入等直播平台允许的方式进行引流，同时应该增强直播间的吸引力，更直观地展现直播间的主体来吸引用户。在线人数是流量转化的基础，是重中之重。针对此问题，可以采用的优化方式有以下5种。

1. 构思比较有吸引力的主题

构建有吸引力的主题是吸引用户的重要手段，常见的主题包括直观描述类的主题，即直接体现直播间正在直播的某个内容；也有价格宣传类的，包括"直播间大促销""直播间全场2元"等；也有一些比较特立独行的，类似于"您有10个通讯录好友正在观看直播"等。这些不同类型的直播间介绍也是吸引用户的一种有效方式。

2. 优化直播场景

直播场景的设定也有一定技巧，比如可以清晰地写出直播间正在进行的活动和产品介绍内容，也可以搭建一些独特的场景，如室外发货地直播、工厂直播、超市直播和一些创意型的场景等，创建有创意的直播间往往也是吸引用户的重要手段。

3. 主播的形象和话术

主播可以吸引一定的观众。一些大企业请一些明星来当主播也是出于这方面的考量，另外，企业也可以培养自己的主播并为其设定一定的形象来吸引观众，当然这里要避开一些不积极的形象展示，否则很容易引发观众诟病。

4. 对观众的热情欢迎和引导

观众进入直播间后，主播热情欢迎并读出观众的名字是很容易"吸粉"的一件事，因为互联网上的热情欢迎很容易让人产生好感，而且直播消费群体很多时候以冲动型消费者居多，适当的引导与产品介绍有利于激发消费者的购买欲望，让观众有参与互动的良好感受。

5. 适当的资金推广和引流

在前期进行适当的资金投入和引流是一种必要的手段，包括在直播间发一些吸粉的红包来吸引人流，也是可以增加在线人数的一种手段，类似于引导用户关注主播或进入粉丝团即可参与抢红包、领取购物券福利等内容，其目的都是促进人数的增长和流量的转化。当然，这部分投入要做精确的计算，不要在亏损的情况下投入大量的资金（如图5-4所示）。

图5-4 话题上热榜引流

（二）在线人数不稳定

在直播带货过程中，在线人数有波动是正常的，因为各个平台流量机制不一样，导致流量来源也不稳定，但是如果在线人数经常处于低峰，且低于大部分平台在线人数的平均值，那么就要探究其原因并进行优化了，如图5-5所示。针对此问题，可以采用的优化方式有以下几种。

1. 直播时间的固定

目前很多直播电商团队都会在固定的时间进行直播，以保持流量的稳定性。观众的作息是有一定规律的，在固定时间开播会让老客户养成观看习惯，让新用户了解直播团队的开播规律。

2. 直播的预告

每次直播结束时，要学会进行直播预告。首先，可以告诉观众下次开播的时间，提前让观众参与，从而获得一定的开播流量；其次，适当地透露下次直播的内容和部分福利，让观看的观众转发分享，以获得更多优质的新客户和提高老客户的忠诚度。

3. 建立粉丝群

建立粉丝群是一种重要的社群营销手段，不但可以起到宣传直播间的作用，在维护、稳定老粉丝群体的同时，还可以获得更多新粉丝，帮助新粉丝在非直播时间也可以了解产品内容。开播前在粉丝群进行开播提示，也能够提高直播间的人气，获得更多的曝光。

4. 引导粉丝分享

直播期间引导粉丝分享直播间，可以获得老粉丝的流量资源，同时这种方式获得的流量更稳定，提高了观众对直播间主播的信任度。

5. 人群画像的定位

引流的人群定位应该是清晰的、有计划的，通过分析直播间的观众人群，可以清楚地了解到哪类客户群体是合适的，从而定向引流获得稳定的客户群体。

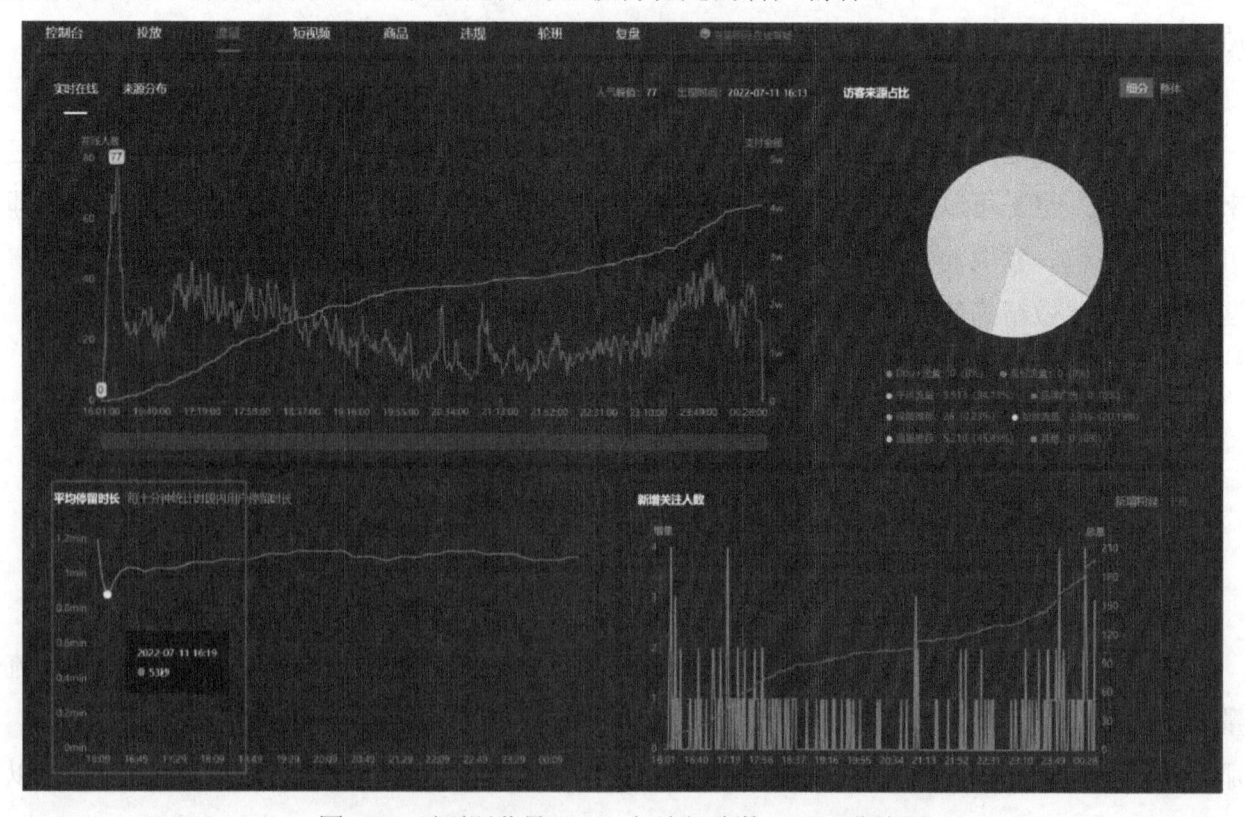

图 5-5 页面浏览量（pv）与访问次数（uv）曲线图

二、人气指标的优化

对直播电商效果进行评估后，发现人气指标不好，互动活跃量低，原因就比较直观，即直播质量、内容和设计不佳，无法带动新老观众参与互动。针对这些问题，可以采用的优化方式有以下四种。

（一）主播的互动技巧

主播的互动技巧是影响直播间人气的直接因素，因为新观众是第一次进入直播间，对主播和团队的印象是陌生的，需要主播对新观众进行欢迎和引导，来调动新观众的积极性。另外，要认真、准确地回答观众的问题，让新观众能够参与到直播中并积极发言，聪明的主播也会读一些有趣的评论来活跃直播间的氛围。直播的同时主播要引导观众点赞、分享，因为有时候并不是观众不参与，而是他们观看得太投入而没有参与相关的活动，所以需要主播不断地提醒。

（二）直播间内容设计

单一、重复的话术和没有节奏的直播流程也是影响直播间人气的重要因素，每场直播一定是有自己的主题和节奏的，到了某个时间节点就要活跃氛围，其他人员要协助主播去推动每个环节的进行。常见的环节包括：固定时间的抽奖、游戏环节和抢购福利商品的环节，而有能力的主播则会设置有才艺展示或搞怪的环节，来丰富直播间的内容设计。

（三）带动老粉丝的积极性

老粉丝是直播间的重要资源也是需要长期维护的重要客户，来之不易所以要珍惜。开播时要及时通知老粉丝参与，同时给老粉丝更多的福利，在维护老粉丝的同时也能引导新观众积极成为老粉丝。合理利用平台的粉丝徽章等内容，提高粉丝的参与感，并给予长期观看直播的观众更高的等级来提高他们的互动积极性。老粉丝也是直播间话题的引导者，也是主播进行直播的协助者，在主播直播期间经常可以看到老粉丝帮助主播回答一些问题，以建立直播间良好的氛围。

（四）内部人员参与互动

直播团队的其他人员也能为直播间提供一份助力，在直播互动不活跃的时候，他们可以活跃直播间的氛围，而且内部人员的适当引导评论和对产品的描述，也是提高话题热度的一种方式。

三、商品指标的优化

商品指标如果不佳，其主要原因集中在产品的选品和市场占有率方面，导致商品的点击率太低。针对此类问题，可以采用的优化方式有以下三种。

（一）选品的把关

商品的选品是很重要的，卖什么一直是商品交易的核心内容。首先是产品的定位，产品适合哪些人，也就意味着产品的受众群体是哪些人。其次是选品的质量是否符合相关法规的要求，直播间的产品质量问题一直是消费者最为担心的问题也是平台惩罚最严重的问题。因此好的选品是保证直播团队一直运营下去的关键，毕竟卖什么才是商业活动的根本，也是直播带货长期发展的保证。

（二）产品的定价

直播电商的产品大多摆脱了中间商的环节，所以价格上一直比实体店优惠，这也是观众选择网上购买的原因之一。因此产品在没有巨大品牌优势的前提下，保证价格平均于市场平均价格是很有必要的，合适的价格才能保证后期的复购率，这也是大多直播间宣传的厂家直接发货的原因。

（三）市场占有率

市场占有率主要是对竞争对手的分析，如果一个产品的市场占有率已经相当饱和并且重复使用率比较低，那么这样的产品不适合作为主要的推广产品。因为这样既不能吸引大量的观众前来消费，也会给企业带来巨大的成本投入，所以要选择市场需求度高、复购率高的商品，如图 5-6 所示。

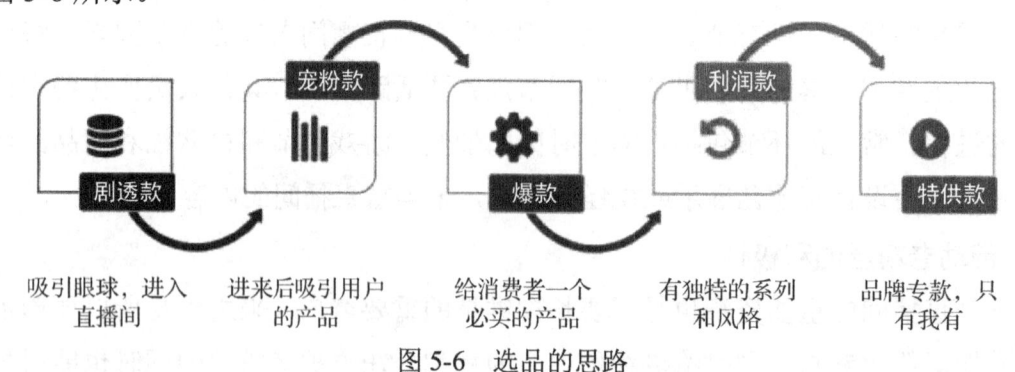

图 5-6 选品的思路

四、交易指标的优化

交易指标是企业最关注的内容，是部门业绩和直播结果的体现，也是前面所有运作的最终答卷。这里有两个核心内容：成交率和退换货率。

（一）成交率低

成交率如果持续明显低于同行业，那么其实也是反映了前面商品指标的选品问题以及直播观看观众标签与产品匹配度不高的问题，需要进行调整。针对此类问题，可以采用的优化方式有以下两种。

1. 产品属性重构

这里指的是如果在前面商品指标内容上调整空间不大，那么就需要对产品属性进行调整，包括产品的特色设计、外包装、宣传内容、广告语、主打特点、市场价格和对应人群细化等，然后再进行匹配，等待优化结果。

2. 调整内容设计

在直播内容设计方面也要进行新的尝试，丰富主推产品的活动内容并增强观众的互动性，让观众积极参与。在产品的介绍方面，也可以进行新的尝试，让产品的特点和观众的兴趣点更匹配，进而促进消费。这里给大家提供几项参考："直播+发布会"、"直播+节日"、"直播+企业活动"、"直播+内容培训"、"直播+名师大咖"和"直播+演出"等形式。

（二）退货率高

就目前直播电商的总体情况来看，退货率比线下购买率要高很多。其原因有很多，首先是很多直播平台过度美化商品，滤镜效果严重，从而导致客户实际到手的商品与直播时看到的差别较大，客户不满意所以选择退换，还有就是产品的介绍与其实际使用情况不符，类似于服装的尺码等问题。这里需要注意的是，一定要尽量避免因为产品的质量问题而产生退换货现象，因为产品质量问题会导致直播间评分下降、口碑欠佳，从而使平台对直播间进行限流，致使直播间粉丝数量减少、销量严重下滑。针对此类问题，可以采用的优化方式有以下3种。

1．主播介绍话术

主播在直播过程中引导观众购买是必要的环节，主播要注意引导技巧，不能过度、夸张地宣传产品。

2．用户服务体验

这部分工作除了需要主播在直播间进行描述与答疑，也需要客服进行配合工作，当客户询问产品信息和咨询意见的时，客服要专业地进行介绍并帮助他们选品，让客户买到合适的产品。在后期有退换货的客户，也需要客服耐心地与客户交流，了解客户真正退换货的原因并听取客户的建议，督促团队改进。

3．销售策略

产品的销售可以通过组合打包或者团购等方式进行，让消费者感受到直播团队的诚信，这样建立起来的感情客户，他们退换货的比例会大幅度下降，并且在后续评价上也会给出更优质的评价和买家秀，如图 5-7 所示。

图 5-7　退换货次数分析图与原因占比图

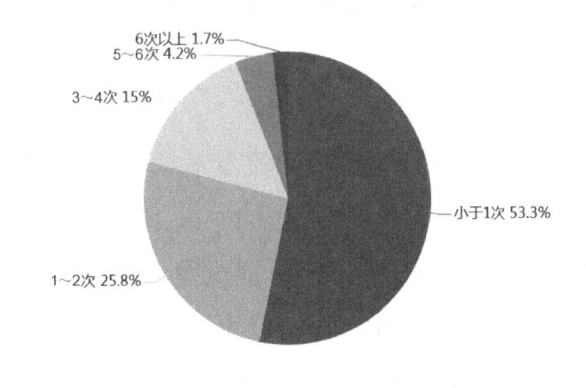

2020H1中国直播电商用户退货原因调查

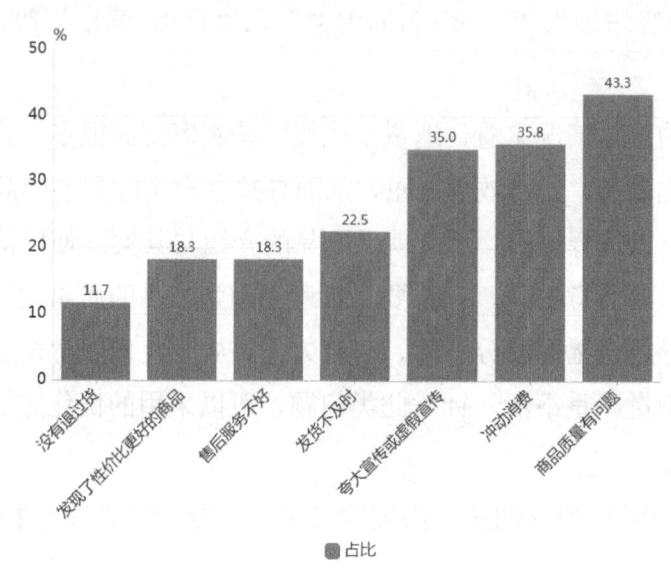

退货原因占比（%）：
- 没有退过货：11.7
- 发现了性价比更好的商品：18.3
- 售后服务不好：18.3
- 发货不及时：22.5
- 夸大宣传或虚假宣传：35.0
- 冲动消费：35.8
- 商品质量有问题：43.3

数据来源：草莓派数据调查与计算系统（Strawberry Pie）

图 5-7 退换货次数分析图与原因占比图（续）

【任务反思】

1．如何对直播电商效果评估的指标进行优化？
2．优化过程中还有哪些需要注意的地方？

任务四　直播电商效果评估优化具体操作案例

在学习了直播电商效果评估的所有内容后，下面我们将以抖音平台为案例，根据抖音平台的计算规则带领大家进行单场直播的数据分析的学习。

一、抖音平台数据计算规则

销售额计算公式：直播间销售额＝直播间流量规模×直播间变现效率。这里我们可以分别从看播次数和看播人数两个角度进行数据分析。

① 计算方法1：直播销售额（GMV）＝看播次数（PV）×千次观看成交金额（GPM）。

解析：从看播次数进行数据分析时，我们分析的是各个流量变现渠道的效率。

② 计算方法2：直播销售额（GMV）＝看播人数（UV）×单个用户产生的成交金额（UV价值）。

解析：从看播人数进行数据分析时，我们分析的是直播间内整体运营的效率。

直播间流量规模计算公式：直播间流量规模＝直播间曝光次数×直播间点击进入率。

解析：直播间的流量来自平台的免费流量和付费流量。

二、抖音平台流量分析后台

通过登录进入抖音后台，发现其包含四部分内容，分别是内容分析、流量分析、商品分析和人群分析，如图 5-8 所示。

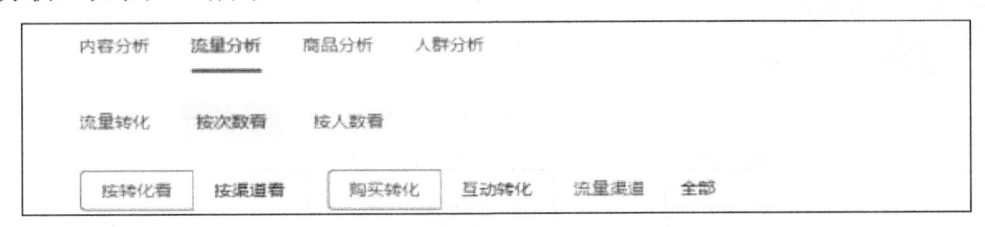

图 5-8　抖音平台流量分析后台分类

本次主要以"流量分析"为例进行讲解。进入"流量分析"页面以后，进入"流量转化"板块，可以发现"流量转化"分为"按次数看"和"按人数看"两类，然后又分为："按转化看"或"按渠道看"、"购买转化"或"互动转化"，进而可以组合成以下 8 种分析架构。

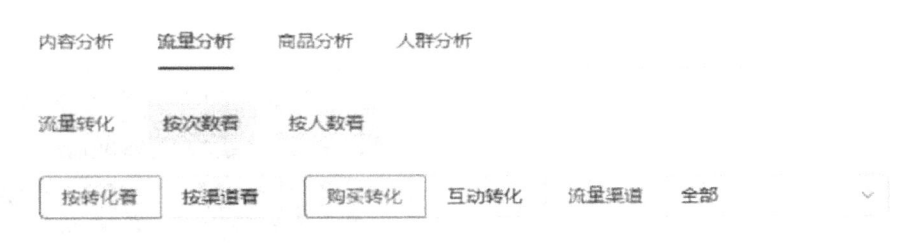

① 按次数看＋按转化看＋购买转化。
② 按次数看＋按转化看＋互动转化。
③ 按次数看＋按渠道看＋购买转化。
④ 按次数看＋按渠道看＋互动转化。
⑤ 按人数看＋按转化看＋购买转化。
⑥ 按人数看＋按转化看＋互动转化。
⑦ 按人数看＋按渠道看＋购买转化。
⑧ 按人数看＋按渠道看＋互动转化。

解析：在以上 8 种分析架构之中，"按次数看"和"购买转化"相关性最高，"按人数看"和"按转化看"相关性最高。

（一）按次数看+按转化看+购买转化

如图 5-9 所示，这里检查的是流量渠道的占比，借此判断直播账号的健康程度能否为直播间引来正确的流量并达到预期目标。依次对产生的数据进行检查，可以发现有问题的"引流"渠道，从而进行分析并改进。

图 5-9　按次数看+按转化看+购买转化

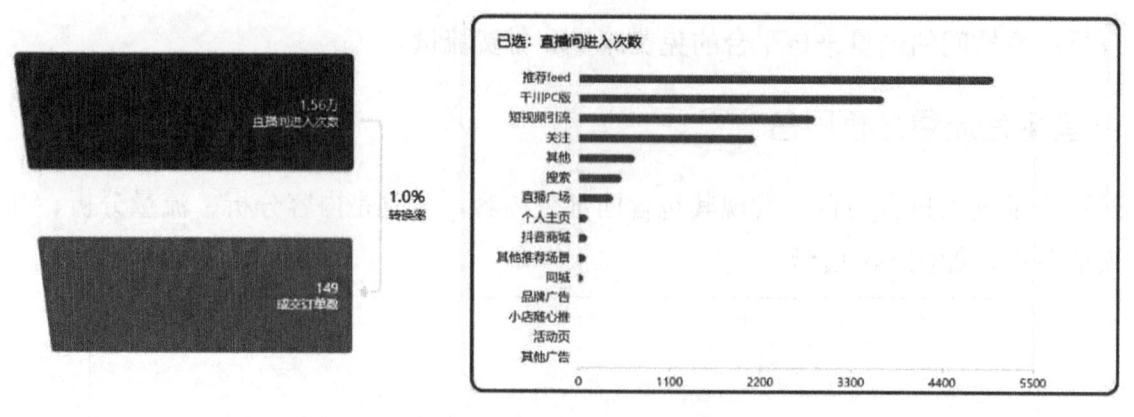

图 5-9　按次数看+按转化看+购买转化（续）

通过后台的流量渠道我们可以选择流量来源和渠道类型，就可以看到流量进入的趋势，发现问题渠道。抖音平台主要的流量渠道一般包括"短视频引流""付费引流""直播推荐引流""关注引流"等，如图 5-10 所示。

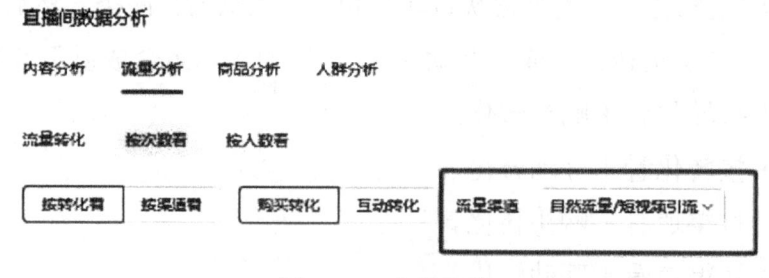

图 5-10　流量渠道

（二）按次数看+按渠道看+购买转化

通过数据分析平台的选择，左边得到是各流量渠道来源的占比，右边则是其中某个渠道流量的转化漏斗，含笔单价和成交金额。这里可以计算：千次观看成交金额（GPM）=转换率×笔单价/1000，其分析的是每个流量渠道的变现效率，能够帮助我们选择更有效的渠道进行引流，如图 5-11 所示。

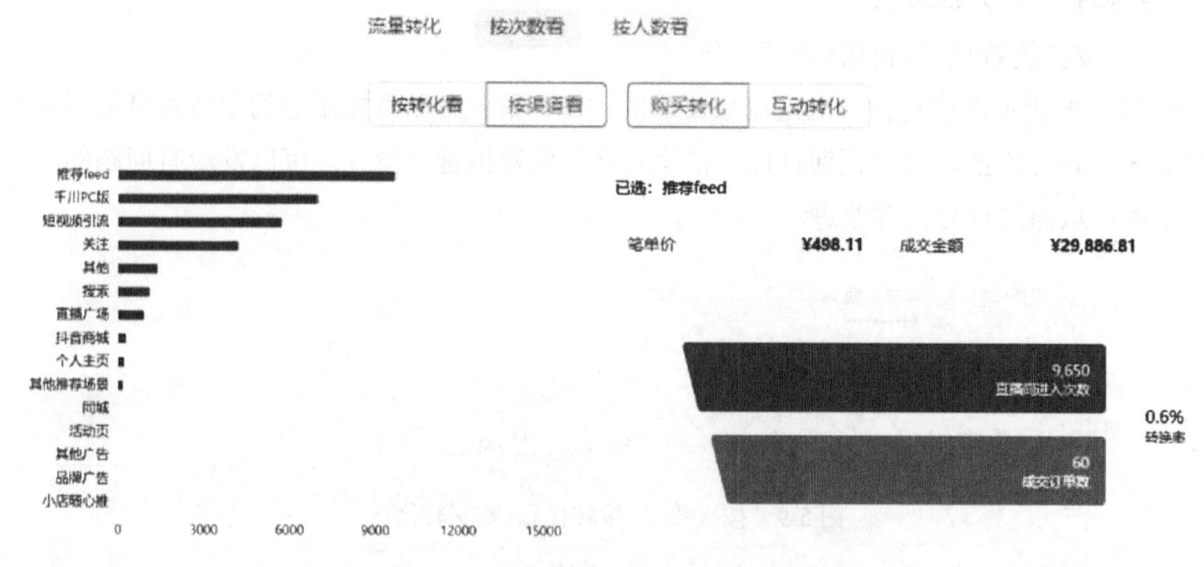

图 5-11　按次数看+按渠道看+购买转化

（三）按人数看+按转化看+购买转化

这种分析方法可以帮助我们分析直播间的转化效率，也就是直播期间内部因素达成的效益。新手可以通过平台自带的协助工具进行分析：巨量创意—创意工具—直播诊断，如图5-12所示。

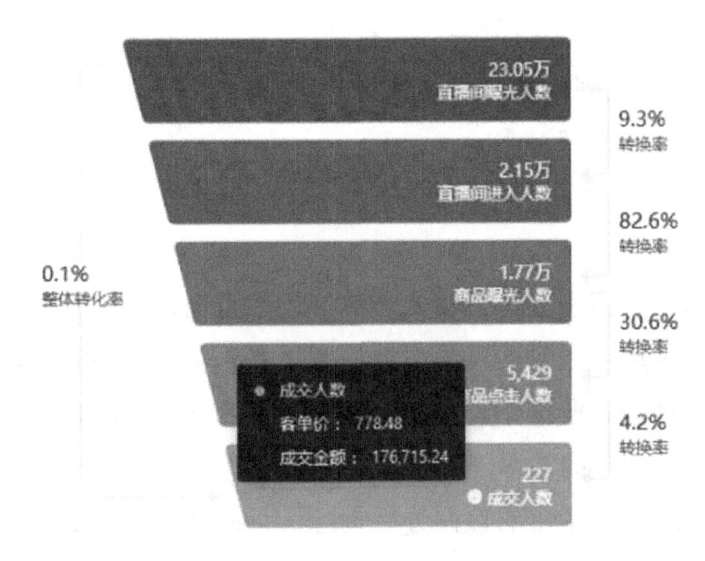

图 5-12 "五维四率"转化漏斗图

这张漏斗图第一个功能，可以帮助我们分析每层漏斗转换率的影响因素，发现每个环节出现的问题。第二个功能则是帮助我们计算看播 UV 价值和曝光 UV 价值。

（四）按人数看+按转化看+互动转化

这种分析方法的重点在于互动人数，是基于互动（点赞、评论、分享等）而给直播间带来的流量，和前面学习的人气指标内容结合。互动是衡量直播间内容是否优质的重要依据，是转化粉丝和促使消费者购买的重要手段，如图5-13所示。抖音的互动率分为两个分析的层面：直播间曝光人数和最终互动的人数之比；直播间进入人数和最终互动的人数之比。

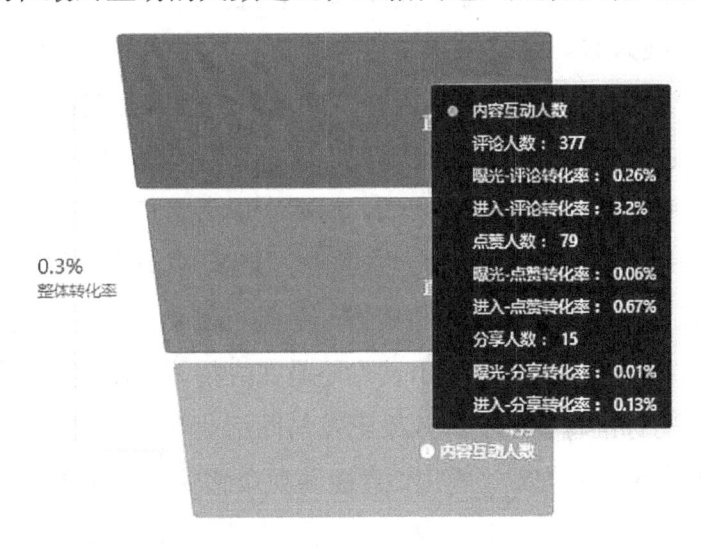

图 5-13 整体转化率分析内容

最后，完成以上四类分析后，可以通过"抖音数据分析助手"进一步检查单场直播流量的来源趋势，主要包括短视频引流、平台推荐引流和付费引流，来分析每时段的流量变化，甚至可以检查直播期间曝光视频的"引流"，来帮助我们更好地掌握直播流量的方法。

【任务反思】

1. 直播间销售额与流量规模是如何计算的？
2. 分析流量的方式有哪些？

【项目小结】

直播电商效果评估是直播中的一个重要环节，通过直播过程中各个项目要素和数据分析的效果评估，可以直观地展示出每次直播电商的效果是否达到预期目标，是否在哪个环节出现了问题，从而帮助主播和企业工作人员更好地完成工作任务。我们把直播电商效果评估的流程拆分出来，形成一套完整的基本评估步骤。

通过了解大部分直播平台常用的数据分析指标，正确认识各项数据指标的类别与代表的含义，了解数据指标的数值与直播效果的相关性与重要性，才能有侧重点地进行优化。

直播电商团队在运营过程中会产生大量的数据，可以在平台的后台助手的帮助下进行分析。部分数据是可以直接获得的，方便我们直接用于参考和分析，还有部分数据是平台后台显示不出来的，需要我们加入自己的理解和数据整合来发现。通过对这些数据的采集和分析，才能帮助我们优化后面的直播效果。虽然不同的直播电商平台都有自己的独特的数据分析助手，但是基于电商购物的本质，其数据的共通性还是比较直观的，所以我们通用的评估指标主要有：流量指标、人气指标、商品指标、交易指标。在线人数是比较直观的流量指标，在直播过程中可以一直清晰地看到每个时段的在线观看人数，是直播间流量的核心指标。人气指标主要指的是互动活跃量，代表的是直播间观众对直播内容的喜爱程度和与主播互动的观众数量，不是单一的在线人数。互动活跃量包含用户在直播间的评论区互相评论与交流、加入粉丝团、点赞和分享、人均观看时长等内容。商品指标指的是商品点击量，也是销售量和销售金额的重要基础数据，商品点击量也能体现出我们带货产品中哪些是明星产品，收获了更多直播间观众的关注，哪些产品市场影响力低，然后在以后带货直播中进行取舍。交易指标主要指的是成交转化量，也是考核直播电商转化的核心指标，只有成交转化量达到目标，才代表着直播的成功，代表着直播的内容和设计与销售产品的目的相契合，从而使团队获得了盈利。

直播电商效果评估标准不是固定的，出发点还是在直播团队制定的目标和计划设计上，具有非唯一性，因此制订的标准也要从实际效果出发与同行业数据对比以进行评判，一般结合以下内容对评估效果进行判断：品牌曝光程度、直播间观众感受、商品热度和直播成交转化情况。

结合直播电商效果评估的指标和判断标准，我们可以从流量指标的优化、人气指标的优化、商品指标的优化和交易指标的优化 4 个方面来改进，即更好地完善因直播效果不足而导致的某些数据指标没有达标的问题。流量指标不达标，通常的原因是在线人数少和在线人数不稳定。人气指标不达标，原因通常是直播质量内容和设计不佳，无法带动新老观众参与互动。商品指标不佳的主要原因集中于产品的选品和市场占有率上，导致商品的点击率太低。交易指标的主要问题在成交率和退换货率。

案例环节我们以抖音平台为例，根据抖音平台的计算规则带领大家进行了单场直播的数据分析的学习，了解了抖音平台流量分析的4种分析方式，并进行了详细的讲解。

【项目测试】

1. 直播电商的效果评估过程是什么？
2. 直播电商的效果评估分析常用指标有哪些？
3. 直播电商的效果评估判断标准有哪几个方面？
4. 直播电商的效果优化指标有哪些？
5. 效果优化每项指标的优化方法具体是什么？

【项目实训与评价】

项目实训工作页

项目名称		实训项目五　直播电商的效果评估与优化		
任务名称		一场直播数据的分析与优化		
任务用时		90分钟	实训地点	电商实训室
任务下达	\multicolumn{4}{l}{1．实训目标 （1）掌握直播电商的效果评估过程与指标指数划分。 （2）掌握直播电商的效果评估分析指标：流量指标、人气指标、商品指标、交易指标等。 （3）掌握直播电商的效果评估判断标准：品牌曝光程度、直播间观众感受、直播成交转化情况、商品热度等。 （4）熟练掌握对直播电商进行数据分析的方式，并依照分析效果结果对直播效果进行评估和优化。 2．实训内容 结合本章内容，选择你熟悉的某场直播的直播"带货"数据（可自行网上寻找或利用实训的直播数据），进行一次完整的直播数据的分析与优化。 3．实训要求 （1）需要有完整的直播电商的效果评估过程与指标指数划分。 （2）效果评估分析指标包含具体数据。 （3）效果评估判断有文字描述和具体优化方案。 （4）提交Excel文件或Word文档。}			
资源收集记录	1．任务资源 2．资源收集			

续表

计划与实施	1．任务设计分析 2．实施计划 3．实施要点与关键数据记录	
总结评价与反馈	1．总结反思 2．自我测评 3．教师点评	
学习拓展		

项目实训（综合评价表）

评价项目	评价内容	评价标准	评价方式		
			自我评价	小组评价	教师评价
职业素养	安全意识 责任意识	A．作风严谨、自觉遵章守纪、出色地完成工作任务 B．能够遵守规章制度、较好地完成工作任务 C．遵守规章制度、没完成工作任务，或虽完成工作任务但未严格遵守规章制度 D．不遵守规章制度、没完成工作任务			
	学习态度 主动	A．积极参与教学活动，全勤 B．缺勤达本任务总学时的10% C．缺勤达本任务总学时的20% D．缺勤达本任务总学时的30%			
	团队合作 意识	A．与同学协作融洽、团队合作意识强 B．与同学能沟通、协同工作能力较强 C．与同学能沟通、协同工作能力一般 D．与同学沟通困难、协同工作能力较差			

续表

评价项目	评价内容	评价标准	评价方式		
			自我评价	小组评价	教师评价
专业能力	实训任务 5	A．实训任务评价成绩为 90～100 分 B．实训任务评价成绩为 75～89 分 C．实训任务评价成绩为 60～74 分 D．实训任务评价成绩为 0～59 分			
创新能力		学习过程中提出具有创新性、可行性的建议	加分奖励		
学生姓名			综合评价等级		
指导教师			日期		

项目六

直播电商平台的学习与实操

【学习目标】

1. 掌握各直播平台的特点。
2. 了解各直播平台用户的特点。
3. 了解各直播平台的流量分配规则。
4. 掌握各直播平台的开通直播权限条件。
5. 掌握各直播平台的开通流程。

引例

2020年初,直播电商在短视频平台迅速爆发,直播电商以生动的展现形式、高效的供应链运作模式快速地吸引了消费者,也拉动了消费和经济的增长。

在某短视频平台上,不少用户通过策略化运营积累了百万甚至千万粉丝,并成功地通过直播电商实现了变现。

某文化类主播,她直播的主要内容是向用户推荐与孩子学习相关的商品,包括图书、培训课程、学习工具等。她的直播具有以下6个特征。

1. 设计身份背书

该文化类主播账号用"职业+名字"的形式明确地表明了该账号运营者的身份,是一种身份背书,依托的是该主播真实身份的影响力,有利于增强用户的信任。

2. 固定时间段直播

该主播每天在固定的时间点开直播,这样有利于让用户养成在固定时间段观看直播的习惯。

3. 背景设置符合直播内容

该主播在直播中推荐的主要是与孩子学习相关的商品，所以她将直播间的背景设计成图书馆场景：直播间里的背景是一排排书架，书架上摆放着各类图书。这种设计与直播内容十分契合，会让用户产生深刻的代入感。

4. 商品源头直供

该主播直播间推荐的图书大多是经典热销图书，且通常是由出版社源头直供，因此价格非常优惠。在直播过程中，该主播经常会在直播现场和出版社的工作人员沟通是否能够加货、价格能否再优惠等事宜。

5. 商品讲解详细

在讲解商品时，该主播会详细地讲解每一本书的适读年龄、故事大纲，以及是否标注拼音等信息，帮助用户详细了解图书的特点。

6. 商品信息说明详细

该主播直播间商品的相关信息说明设置得非常详细。首先，在直播间的商品链接中会有该款商品的特点介绍，例如，商品适合什么年龄段的孩子使用、商品的大小、商品是否有优惠券、商品是否为签名版等，这样能够让用户快速了解商品的特点和卖点等信息。其次，点开商品链接后，商品详情页中提供了详细的商品信息说明。这样做不仅能够帮助用户全面了解商品的特点，还能有效地提高用户在直播间的停留时长，进而提升商品的转化率。

思考：1. 直播电商是从什么时候开始爆发的？

2. 上文提到的主播的直播具有哪些特征？

任务一　淘宝直播

淘宝直播是阿里巴巴网络技术有限公司推出的消费生活类直播平台，用户可以一边看直播，一边与主播互动交流，领取优惠券并选购商品等，下面将对淘宝直播平台的相关情况进行介绍。

一、淘宝直播平台的特点

淘宝直播平台是我国目前较大的直播电商平台，一直走在内容创新的前列。淘宝直播平台与其他直播电商平台相比有巨大的优势，但也存在一定的劣势。

（一）优势

① 电商产业链完善，规模巨大。2020 年，阿里巴巴的 GMV 为 7.053 万亿元人民币，即 1 万亿美元左右，同比增长 23.15%，成为世界上第一个销售过万亿美元的平台。2022 年，阿里巴巴的 GMV 已达 8.317 万亿元。

② 公域流量极大。截至 2022 年 3 月 31 日的 12 个月内，阿里巴巴集团全球年度活跃消

费者达约 13.1 亿人，年度净增 1.77 亿元，其中中国市场消费者同比净增 1.13 亿人，海外消费者同比净增 6400 万元。值得关注的是，超过 1.24 亿人的年度活跃消费者在淘宝天猫消费超过 1 万元，且跨年活跃率超过 98%。

③ 对商家扶持。淘宝网把直播电商作为新型电商业态进行重点扶持，形成了较为完善的平台机制。

④ 用户跨度大。淘宝用户横跨多个年龄段，来自不同区域，这为不同的商品提供了丰富的交易场景。

⑤ 更受用户信任。淘宝直播拥有天然的电商基因，而且淘宝已经在买家和卖家之间有了很高的知名度和信任度。与其他直播电商平台相比，用户更愿意相信已经运营了十几年且有一定规模的淘宝。基于主播的个人魅力和平台的实力，用户产生购买决策的时间大大缩短，甚至购买频次也增加不少。

⑥ 货源充足。由于淘宝成熟的电商基因，淘宝直播的货源充足，主播们不需要自己挖掘货源，这给很多缺少资金的小主播带来了机会。

（二）劣势

① 商家直播仅靠私域流量会有比较大的难度，很多时候庞大的粉丝只能带来很少的播放量。

② 公域引流的门槛较高。商家直播只有排位较高时才能获得公域流量，如果直接购买公域流量或投放达人，那么成本又相对较高。因此，商家在淘宝直播上未获取成绩之前一直是获取私域流量，用户必须进入店铺或关注店铺。

③ 私域量很难反复触达，一旦用户离开淘宝就难以再次触达，商家与用户之间很难形成强黏性，除非商家用其他方式与用户建立联系。

④ 受到电商属性和淘宝直播本身机制的限制，淘宝直播中的主播大多在推销商品时，直播内容相对来说比较单一。主播围绕商品努力解说，很多时候主播的销售能力和商品价格就决定了直播间的销量。

二、淘宝直播的类型

在成为一名主播之前，首先要了解淘宝直播有哪些类型。一般来说，淘宝直播通常分为店铺直播、达人直播、淘宝全球买家直播和 PGC（专业生产内容）直播。

（一）店铺直播

店铺直播是指商家的店铺开通的直播。一般来说，淘宝店铺可以分为天猫店、C 店（个人店铺、集合店铺）和企业店。天猫店是指在天猫平台上运营的店铺；C 店是从 C2C 的意义上衍生出来的，C2C 是指个人与个人之间的电子商务，即消费者之间的交易行为，也就是说 C 店其实就是个人店铺；企业店是指与个人店铺相区别的且以企业名义开设的店铺。这些店铺都可以开通直播权限，直播效果较好的商品类目主要集中在服装、鞋、包和化妆品。

（二）达人直播

达人直播是目前淘宝直播的主力军，由此也产生了很多专门的达人机构，而达人主播也在淘宝内容生态中占据了重要的地位。淘宝内容团队的流量基本集中在一小部分达人主播身上。这些达人主播就成了淘宝直播平台的头部主播。达人主播与新手主播不同，他们在行业中已经积累了一定的知名度，商家会主动寻求合作，并为达人主播支付佣金。

（三）淘宝全球买家直播

淘宝全球买家是指到世界各地不同的购物中心购物的买家，这些买家开通的直播被称为"淘宝全球买家直播"。淘宝全球买家要想开通直播，一个重要前提是确保没有严重违规和虚假交易，商店处于正常状态，并具有稳定的综合经营能力。

（四）PGC 直播

专业生产内容（Professional Generated Content，PGC）指的是在某个领域具有专长，并且能分享专业领域内有价值的内容。PGC 生产者是具有专业身份或组织具有专业身份的人士提供专业内容的内容输出者，如媒体平台的编辑、记者，学术领域的教授和研究学者，传媒领域的制片机构、综艺节目等。淘宝直播对于 PGC 机构入驻持开放态度，满足的条件为 100 万元的注册资金及一般纳税人，此外只需提供直播方案，确保是专业制作团队，而非个人主播即可。

三、淘宝直播流量分配规则

不管是传统电商，还是直播电商，流量都是绕不开的话题，淘宝直播也不例外。因此，运营淘宝直播，了解淘宝直播的流量分配规则是非常必要的。淘宝直播流量分配主要有以下四个规则。

（一）标签竞争

淘宝直播标签是阿里巴巴网络技术有限公司推出的一款快捷的导购推广服务。在直播间里，主播和商家可以为自己的商品添加各种能够吸引用户的标签，以此获得更加精准的流量，提高直播的转化率。

主播为直播打上标签，其实是在为淘宝直播官方和用户精准定位自己的直播属性，淘宝直播官方会根据主播所选择的标签为其匹配对应的流量。从淘宝直播官方的角度来说，同一个标签使用的人多了，在分配流量时可以选择的范围就多了，在流量总量不变的情况下，同一标签下每个主播能分到的流量就会变少。因此，对于主播来说，在标签维度下需要与竞争对手进行流量的争夺。

（二）主播等级竞争

淘宝直播的主播等级反映了主播的影响力，主播的等级越高，所获得的直播权益也就越多，被淘宝直播官方、粉丝看到的机会也就越大，自然而然也就能获得更多官方流量的支持。

（三）活动排名

淘宝直播官方会举办各种主题的直播活动、排位赛等，主播在这些活动中表现得越优秀，排名就越靠前，就越能证明主播有实力。从淘宝直播官方看来，这样的主播没有浪费官方为其提供的流量，在他们身上获得的投资回报率较高，所以在分配流量时会更加偏爱这些主播。

（四）直播内容建设

直播内容也是淘宝直播官方分配流量的参考因素之一。淘宝直播官方评判直播内容的主要依据有5个，如表6-1所示。

表6-1

评判依据	释义	考察的内容
内容能见度	直播内容覆盖用户的广度主要是通过直播间浮现权重和微淘触达的人群来进行评判的。直播内容覆盖的用户人群越广，内容能被看见的概率就越大	直播间的"引流"推广能力
内容吸引力	单位时间内粉丝在直播间里停留的时长，是否产生购买行为，是否做出互动动作（评论、点赞、分享等）	直播间商品的构成、直播氛围和主播的吸引力
内容引导力	把粉丝留在直播间，并将其引导进入店铺，主动了解商品的能力	主播的控场能力和引导用户下单的能力
内容获客力	直播内容引导用户进入店铺并产生购买行为的能力	直播间商品性价比和主播直播话术对用户的吸引力
内容转粉力	将只是短暂停留在直播间的用户变成有目的、停留时间长的粉丝的能力	主播是否能持续输出内容，直播间内商品的性价比，以及主播的直播能力

因此，合理地运用直播标签、提高自身等级、在官方活动中表现优秀、做好直播内容建设是淘宝主播赢得流量的核心策略。

四、淘宝直播运营实操

不管是商家还是个人，要想开通直播，都要满足特定的条件，而在满足条件并成功开通直播后，主播还要进行人设打造，为自己打造一个良好的形象，让用户一直保持想要看到你的欲望，从而逐渐积累粉丝，扩大影响力，并稳定地通过直播带货变现。

（一）开通直播权限的条件

直播权限是淘宝直播的基础权限，商家和个人只要达到基本条件就能成功开通直播，并在"订阅"或自有淘宝集市店铺首页或天猫店铺首页等私域流量渠道进行展示。商家直播和个人直播的开通条件和要求是不同的，具体如下。

1. 商家直播

商家直播包括个人店铺和企业店铺的直播。开通商家直播须同时满足以下条件和要求。

① 淘宝店铺等级在一钻或一钻以上。

② 主营类目在线商品数≥5，且近30天店铺销售商品件数≥3，且近90天店铺成交金额≥1000元。

③ 商家须符合《淘宝网营销活动规则》。

④ 本自然年度内不存在出售假冒商品的违规行为。

⑤ 本自然年度内未因发布违禁信息或假冒材质成分的严重违规行为扣分 6 分及以上。

⑥ 商家具有一定的客户运营能力。

2．个人直播

个人直播主要是淘宝达人的直播，个人可以通过支付宝实名认证，注册成为淘宝达人。淘宝达人账号等级达到 L2 级别且完成身份核实以后，淘宝达人还要通过直播平台的内容考核。因此，淘宝达人要上传一段自我介绍或其他相关内容的视频，以展现其控场能力、表达能力和现场表现能力。在上传完成之后，淘宝达人就可以在后台申请开通直播权限，等待官方审核，7 个工作日后，如果审核通过，即可开始直播。

（二）主播人设的打造

人设是指人物设定，主播的人设指的是结合用户喜好，按照市场需求与个人发展方向打造出来的形象，包括主播展现给用户的一切内容。打造主播人设可以让用户在脑海中迅速形成一个既定的印象或标签，进而关注主播，成为主播的粉丝。因此，主播要想培养一批忠实粉丝就必须明确定位，找到喜欢自己的用户群体。主播可按照以下 4 个步骤进行定位。

1．明确细分领域

主播要进入合适的细分领域，找到适合自己的发展方向，可以从以下两个方面来确定。

① 才华天赋。才华天赋决定主播的擅长领域，主播只有找到能够尽情施展自身才华的领域，才能更快地获得成功。

② 经验积累。一个主播只有在其所处领域积累了足够多的专业知识和经验，才能达到顶尖水平。

2．挖掘自身特色

在数量庞大的主播群体中，主播要想脱颖而出，就必须打造一个独一无二的形象，把自己与其他主播区分开，这就需要主播具有较高的辨识度和鲜明的特点。主播可以从以下两个方面来挖掘自身特色。

① 研究头部主播。主播要学习借鉴所在领域的头部主播，学习他们的经验，如引流方式、运营方式和互动方式等，将这些技巧和策略为自己所用。

② 深耕细分市场。主播要凭借自己在某一细分领域积累的经验，深耕该领域，通过对行业内竞争对手及直播间粉丝需求的分析，找到最适合自己的细分的领域进行深耕，并努力做到最好，最大化地展现自身优势，从而逐渐扩大自己的影响力。

3．拟定合适的名字

在注意力稀缺的时代，主播的名字只有被用户记住才能有继续打造人设的可能性。一般来说，好的名字要朗朗上口，简单好记，最好能与主播所在的领域相关，且不容易产生歧义。

主播名字最好用中文，字数不要太多，最好控制在 5 个字以内。

4．打造良好形象

一个好的名字只能让用户短暂地产生兴趣，主播要想维持热度，就要内外兼修，打造良好的形象。打造个人形象时要注意以下 3 点。

① 外在形象。主播要注重外在形象的塑造，可以请设计师根据自己的气质为自己设计形象。

② 言谈举止。言谈举止也是影响主播人气的重要因素，在直播"带货"过程中，主播要保持微笑，耐心讲解，不能乱发脾气，同时要注意自己的行为举止，动作要文雅。

③ 内在形象。主播不仅要打造良好的外在形象，还要注重内在形象。只有拥有正确的价值观，为网络带来正能量，才能为社会做出更大的贡献。如果主播不注重正面形象的维护，不仅会受到网友的抵制，还有可能被平台封禁。

（三）实训 1：开通淘宝直播权限

淘宝卖家可以下载淘宝主播 App，登录账号即可申请主播入驻，具体操作方法如下。

① 下载并登录淘宝主播 App，进入应用"首页"界面，点击"立即入驻，即可开启直播"按钮，如图 6-1 所示。

图 6-1　点击"立即入驻，即可开启直播"按钮

② 在打开的界面中点击"去认证"按钮，通过人脸识别进行实人认证，选中"同意以下协议"单选按钮，然后点击"完成"按钮。

③ 主播入驻成功，如图 6-2 所示。开通后，主播即可进行淘宝直播。

图 6-2　主播入驻成功

（四）实训 2：创建淘宝直播预告

① 打开淘宝主播 App 并登录淘宝账号。

② 在界面下方的"更多工具"选项下点击"创建预告"选项，如图 6-3 所示。

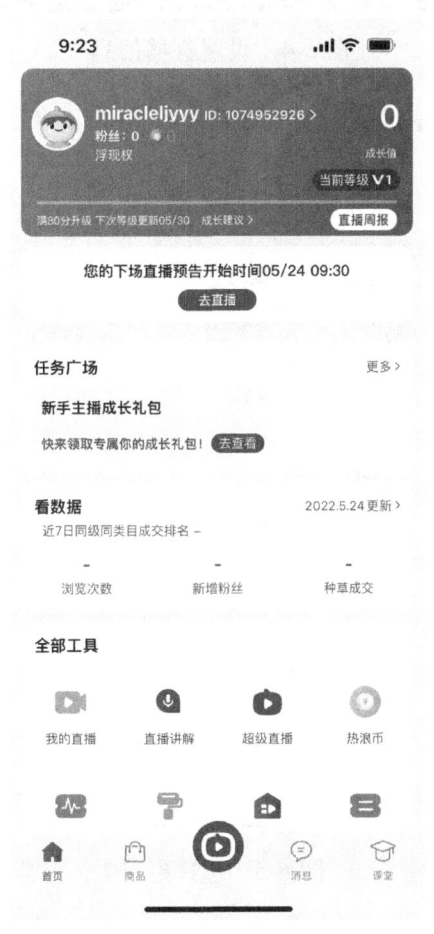

图 6-3　点击"创建预告"选项

③ 在打开的界面中上传封面，设置直播标题、直播时间、内容简介等信息，然后点击"频道栏目"选项，如图6-4所示。

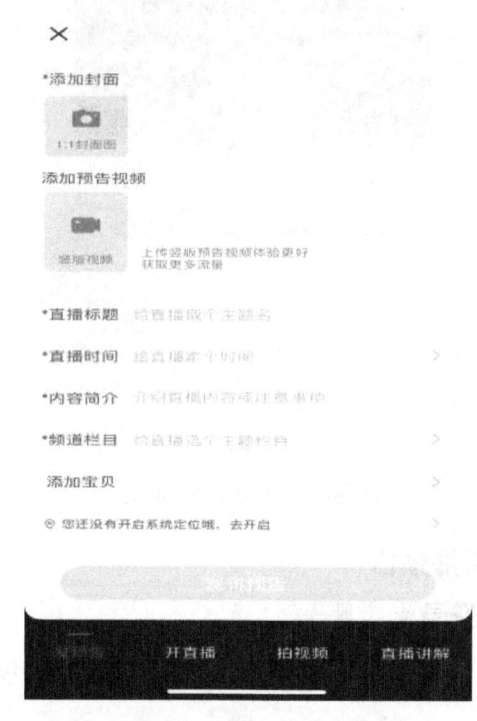

图6-4 设置直播信息

④ 在打开的界面中选择要"带货"的商品所属栏目，如图6-5所示。

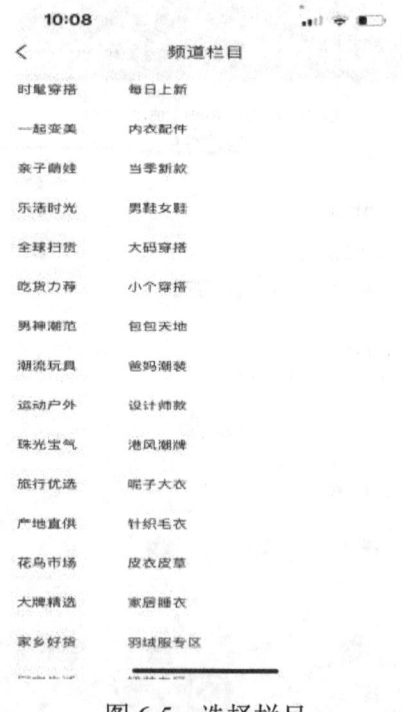

图6-5 选择栏目

⑤ 在打开的界面中选择本店的商品，然后点击"确认"按钮，如图6-6所示。

项目六　直播电商平台的学习与实操

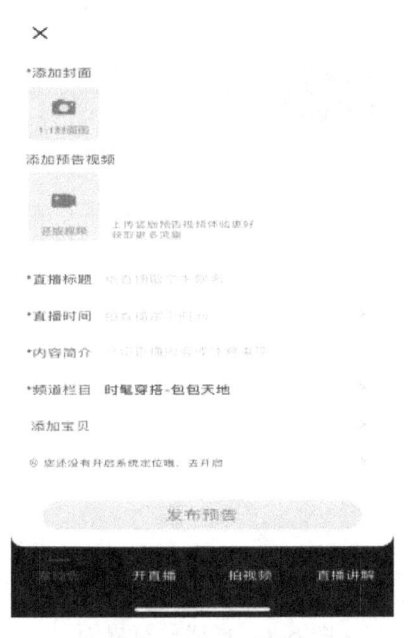

图 6-6　选择商品

⑥ 完成商品的添加，然后点击"发布预告"按钮。

（五）实训 3：在手机端进行淘宝直播

在开始淘宝直播之前，应确保手机连接了稳定的无线网络或移动网络，手机设定中允许手机淘宝使用话筒。下面将介绍如何在手机端进行淘宝直播，具体操作方法如下。

① 在"我的直播"列表中查看创建的直播预告，点击"开始直播"按钮，如图 6-7 所示。

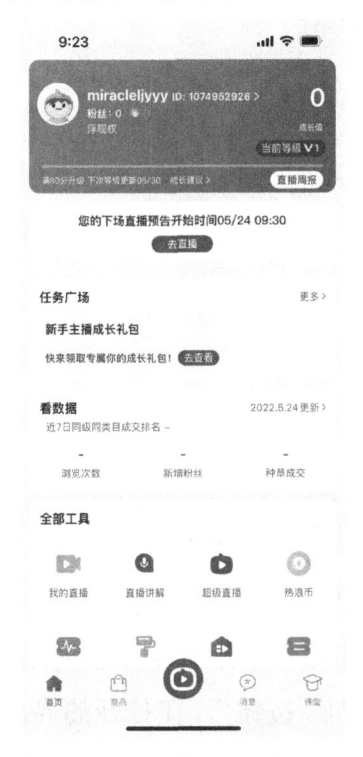

图 6-7　点击"开始直播"按钮

② 进入"直播预览"界面，点击"开始直播"按钮，如图 6-8 所示。

115

图 6-8　直播预览界面

③ 进入直播界面，在下方点击"分享"按钮，如图 6-9 所示。

图 6-9　点击"分享"按钮

④ 此时即可生成分享海报，可以分享给其他平台的用户。

⑤ 在直播界面下方点击"添加"按钮"，在打开的界面中选择商品，在此选择购物车中的商品进行代播，如图 6-10 所示。主播除了添加本店商品进行直播"带货"，还可以添加购物车商品、已购买商品或最近浏览的商品进行代播。

图 6-10　添加商品

⑥ 在直播界面下方点击最左侧的"购物袋"按钮，在打开的界面中可以查看直播商品列表，如图 6-11 所示。

图 6-11　查看直播商品列表

⑦ 在直播界面下方点击"更多"按钮，在打开的界面中可以对淘宝直播进行更多的操作，在此点击"通知粉丝"按钮，如图 6-12 所示。

图 6-12　点击"通知粉丝"按钮

⑧ 在弹出的提示信息框中点击"确认"按钮，可以将直播信息推送给粉丝，如图 6-13 所示。

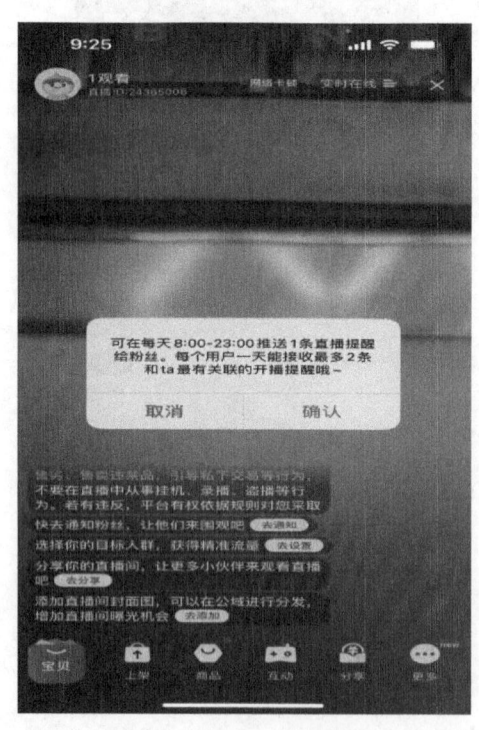

图 6-13　确认通知粉丝

⑨ 在"更多"界面中点击"粉丝连麦"按钮，在打开的界面中点击"连麦"按钮，可以与粉丝进行连麦互动，如图 6-14 所示。在"更多"界面中点击"主播连麦"按钮，输入其他主播的 ID，即可与其他主播进行连麦。

图 6-14　粉丝连麦请求

【任务反思】

1．淘宝直播的类型有哪些？
2．淘宝直播流量分配有哪些规则？

任务二　抖音直播

抖音是由今日头条孵化的一款音乐创意短视频社交软件，于 2016 年 9 月 20 日上线。随着平台的不断发展，抖音的用户量不断攀升。2018 年，抖音正式启用全新的品牌口号"记录美好生活"，强调平台的普适性。如今，直播和短视频融合发展，抖音平台不仅在短视频领域发展势头较好，而且在直播电商方面也与其他平台展开了激烈的竞争。

一、抖音平台的特点

（一）短、平、快

抖音短视频的时长一般很短，创作周期短，制作门槛低，每个人都可以创作，而且视频的浏览速度快，时长在 10~20 秒。抖音默认打开的是"推荐"页面，更吸引用户观看，从而打造出了沉浸式的娱乐体验。

（二）用户群体量大

抖音平台的用户群体量大，截至 2023 年 1 月，连同"抖音火山版"在内，抖音的日活跃用户量突破 10 亿，用户更加多元化，活跃度高，使用频率高，用户对抖音平台的黏性不断增强。

（三）能够进行精准推送

抖音平台可以利用画像分析用户的兴趣爱好，进行有针对性的推送，这不仅能减少对用户的干扰，还可以帮助广告主找到精准的用户。

（四）霸屏模式

抖音采用霸屏阅读模式，降低了用户注意力被打断的概率，而且抖音没有时间提示，在观看视频时很容易忽略时间的流逝。

（五）互动性强

抖音会定期推出视频标签，引领用户参与到同一主题视频的创作中。这些视频标签激发了用户的创作灵感，用户创作出来的内容具有很高的参与感和娱乐性，被其他用户分享的概率也大大提升。

二、抖音直播用户的特点

（一）年龄分布

抖音直播在用户年龄分布上呈现出年轻且均衡的趋势，没有极端化现象，其中，18～25岁占比31.9%，26～30岁占比33%，31～40岁占比20%，40岁以上占比低于10%。

（二）性别分布

虽然女性是直播用户中的主力军，但直播的男性用户占比也不低，其中，男性占比37%，女性占比63%。

（三）地域分布

抖音直播的南方用户占比较多，其中广东、浙江、江苏、安徽、湖北、四川、河南、山东和河北地区为用户占比最多的地区。

三、抖音直播流量分配规则

运营抖音直播，了解抖音直播的流量分配规则是很有必要的。抖音直播流量分配规则主要体现在以下两个方面。

（一）流量入口

抖音直播目前有3个流量入口，分别为"附近的人"、"直播广场"和"短视频"。

1．附近的人

主播在开播后，系统会随机推送给附近的人，所以附近的人在看抖音时会看到主播的直播，如果感兴趣，就有可能点击进入直播间。因此，为了获得更精准的流量，主播可以修改定位，把定位改为目标用户群体比较集中的地区。

2．直播广场

用户在直播广场中可以查看所有当前正在直播的直播间，点击对应的页面就可以进入其直播间界面。用户可以通过上下滑动来快速切换不同的直播间界面。

3. 短视频

当主播的短视频上热门以后，用户在看到热门短视频时，也会看到账号正在直播的提示，从而通过这个入口进入直播间。只要抖音在短视频上的定位不改变，对于绝大多数的直播间来说，通过短视频向直播间引流的模式，不管是现在还是未来，都将是最大的公域流量来源。因此，主播可以在直播之前发布一条短视频，以增加流量入口，提升直播被用户看到的可能性。

（三）活动排名

在抖音举办电商活动期间，拥有购物车功能的账号可以通过"带货"效率的比拼，竞争榜单排名，获得相应的流量奖励。在活动期间，所有带购物车的直播间的右下角都会出现活动横幅，点击即可进入活动页面。榜单按热力值高低排序，热力值根据直播间的点击商品跳转购买量、直播时长数据综合测算。

抽奖、限时秒杀、优惠券和口播引导都是很好的直播技巧，可以有效提升转化率。在活动期间，平台会在满足一定基础条件的账号中随机抽取部分"幸运主播"，幸运主播在活动期间连续完成每日120分钟的主播任务，即可在活动结束后获得"DOU+"流量奖励。

四、抖音直播电商的特点

与淘宝网在2016年开始布局直播领域相比，抖音在直播带货领域进场稍晚。2018年5月，抖音正式开始电商商业化，而现阶段主要依靠"网红"和名人带货。抖音本质上是一个娱乐性较强的社交内容平台，自带流量优势，强大的流量赋予抖音较低的直播获客成本，使其形成了较大的竞争优势。在入局电商后，抖音持续探索流量变现路径，目前已形成以直播、兴趣点、购物车和"抖音小店"为核心的产品矩阵，连接线上与线下，赋能直播商家。

抖音对抖音小店商家的政策倾斜和禁止第三方商品链接进入直播间的举措很清晰地展示出抖音打造电商生态闭环的战略布局，而且这一举措已经有了很直观的效果：2019年，抖音前100位红人的商品橱窗中淘宝网店铺占比80%以上，而到了2020年10月，抖音直播商品链接有将近96%来自"抖音小店"。

抖音头部"网红"流量比较分散，不利于私域流量的运营，电商机构很难套用之前的电商运营思路，但是在品牌广告及电商"导流"方面，抖音效果显著。

五、抖音直播运营实操

（一）开通直播权限的条件

抖音直播有两种形式，即抖音内容直播和抖音直播带货。抖音内容直播的开通很简单，只要完成实名认证就可以直播，主播在直播间可以分享内容，如唱歌、跳舞、知识和干货等。

主播要想在抖音直播带货，不仅需要开通直播功能，还要开通直播带货权限。主播在开通这两个权限以后就可以直播带货，在直播间挂上商品链接，通过卖货变现。抖音直播"带货"权限的开通需要达成以下两个条件：一是个人主页的视频数（公开且审核通过）不得少于10条，二是账号粉丝数不得低于1000个。对于新手来说，较好的"增粉"方式如下：大量关注别人，别人在看到以后有可能回粉；加入互粉群，互相关注；多参与热门短视频的点赞、评论，如果评论很精彩，那么也会吸引用户关注；提升作品的质量，通过原创优质作品吸引用户关注，如果打造出一个"爆款"短视频，那么新增粉丝数量将会十分可观。

开通直播"带货"权限以后，主播可拥有个人主页商品橱窗功能，支持在视频和直播中添加并分享商品；拥有个人页视频置顶功能；支持在PC端登录达人管理平台，回复消息，设置私信自动回复、私信自定义菜单，查看账号运营数据，以及置顶评论等。

（二）主播人设的打造

在当下的直播电商时代，一个良好的人设定位能够帮助主播脱颖而出，因为基于人设定位形成的个人品牌代表了知名度、认可度，也代表了个人的信誉和口碑，有助于用户了解主播。主播的人设越鲜明，就越能获得用户的认可，由此提升个人影响力，带来流量，放大个人的价值。主播在打造人设时要根据自己的爱好及特征用一两个关键词来定位，使用两三个标签即可。主播的人设一般分为以下4种。

1．专家人设

主播在面对新用户时，若想吸引用户关注直播间并时常来观看直播，就要增强用户的信任度，而专家的人设可以利用权威效应来增强新用户对主播的信任度。但是，要想定位于专家，主播就要持续地进行专业内容输出，强化用户的认知。专家人设的门槛较高，一般需要机构或职称认证，并有专业技术支持，所以很难批量复刻，但这类人设可以在短时间内获得用户信赖，更容易促成转化。

2．达人人设

与专家人设相比，达人人设对专业背书的要求不高，但建立人设需要前期运营，需要有丰富的内容为人设作铺垫。主播要想打造达人人设，就要在一个垂直领域做"精"做"深"，切忌在多个领域跳转，否则，多领域尝试不但不能通吃，反而会降低自己的权威性。

3．低价人设

低价人设分为两种：一是背靠货源地，如生鲜水产、珠宝玉石等，用原产地现货、没有中间商等优势来强调自己商品的物美价廉；二是背后有强大的供应链支持，可以打通链路中的各个环节，能最大幅度地让利给用户。某些主播拥有大面积的仓储基地，或在各大品牌总部直播带货，用全网最低价吸引用户。

4．励志人设

励志人设很容易与用户建立起深层的情感认同，这类人设的重点在于对人有情有义，对粉丝一片赤诚之心，对弱势群体充满爱心，对不良现象"重拳出击"。这种人设与用户之间的情感链接会吸引有着相同或相似经历的用户，他们怀着同情、敬佩或羡慕的情绪，在这个大家庭氛围中抱团取暖。这种情感链接一旦形成就很难被打破，粉丝黏性非常强，粉丝会形成惯性，在从众效应的影响下购买商品，直播转化率很高。

（三）实训 1：开通抖音直播

若要开通抖音直播，只需进行实名认证即可，具体操作方法如下。

① 打开抖音 App，点击下方的"□"按钮，如图 6-15 所示。

图 6-15　点击"□"按钮

② 进入拍摄界面，在下方菜单最右侧点击"开直播"按钮，然后点击"开始视频直播"按钮，如图 6-16 所示。

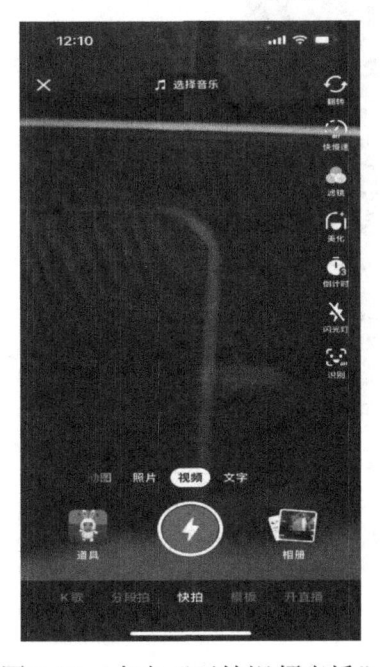

图 6-16　点击"开始视频直播"

③ 打开"实名认证"界面，输入真实姓名、身份证号等信息，并点击"同意协议并认证"，如图 6-17 所示。实名认证通过后，即可开通直播。

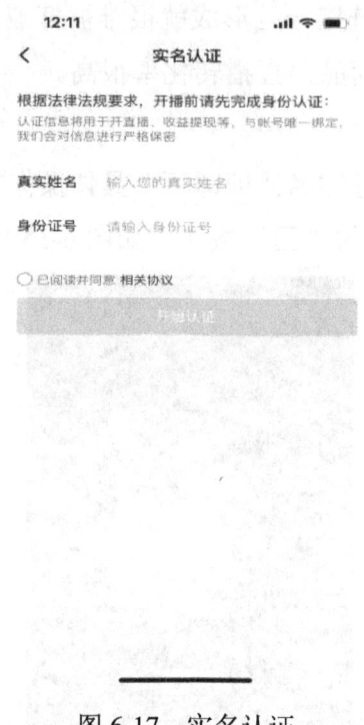

图 6-17 实名认证

（四）实训 2：开通商品橱窗

下面将介绍在抖音中如何开通商品橱窗，具体操作方法如下。

① 打开抖音 App，在下方点击"我"按钮，然后点击右上方的菜单按钮，选择"创作者服务中心"选项，如图 6-18 所示。

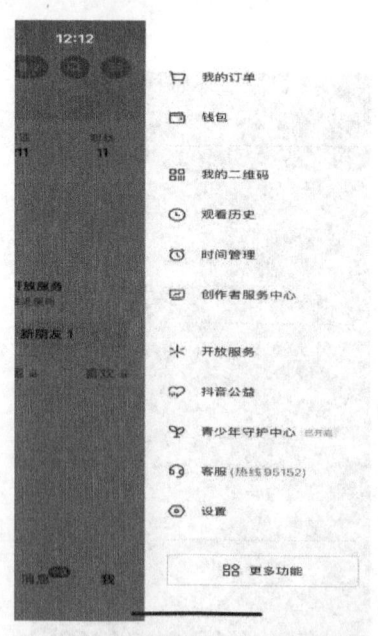

图 6-18 选择"创作者服务中心"

② 在打开的界面中点击"商品橱窗"按钮，如图 6-19 所示。

图 6-19 点击"商品橱窗"

③ 在打开的界面中选择"商品分享权限"选项，如图 6-20 所示。

图 6-20 点击"商品分享权限"

【任务反思】

1. 抖音平台的特点有哪些？
2. 抖音直播开通直播权限的条件有哪些？

任务三　快手直播

"快手"是北京快手科技有限公司旗下的产品，它本来是一款制作和分享 GIF 图片的手机应用，在 2012 年 11 月转型为短视频社区。随着直播形式的发展，快手短视频也加入了直播功能。用户在快手平台上不仅可以发布自己创作的短视频内容，还能通过直播展示才艺、销售商品。

一、快手平台的特点

（一）用户群体量大

截至 2023 年第二季度快手平均日活跃用户 3.76 亿人，同比增长 8.3%；平均月活跃用户 6.73 亿人，同比增长 14.8%。电商商品交易总额达 2654.56 亿元，用户社区规模达历史新高。

（二）商业化潜力大

随着拼多多、趣头条的上市，以三四五线城市为代表的新兴市场的潜力引起了诸多人们的关注，在新兴市场寻求突破已成为当前移动互联网领域的趋势，而快手在这些新兴市场拥有较高的渗透率，商业化潜力很大。

（三）重视户使用体验

重视用户使用体验是快手始终坚持的理念。在商业化方面，为了防止过度打扰用户，快手自主研发了一套商业化机制——用户体验量化体系，精确衡量商业化与用户体验及平台价值的关系。这套机制是快手大规模商业化的技术基础，也是实现用户体验与商业化需求可持续发展的保障。在用户体验量化体系中，商业内容的点击率、播放时长、点赞、关注、评论、转化率等正面指标越好，就越能赢得更多的流量支持，自然投资回报率就越高。通过这套机制，快手可以鼓励创作者创造更多对用户有价值的商业内容。

（四）强调真实、普惠

虽然快手和抖音都是短视频产品，在产品形态、商业化变现、用户市场等方面也都日趋相同，但两者在本质上是不一样的。两者的核心差异来源于底层价值观的不同，抖音强调美好与内容的优质程度，即"记录美好生活"，通过全屏信息流的形式结合强大的内容分发算法，给用户沉浸式的内容消费体验，大部分为公域流量；而快手强调真实、普惠，以人为核心，更重视用户关系，强调"拥抱每一种生活"，分发算法更均衡，中腰部和长尾用户也有被看到的机会。

二、快手直播用户的特点

（一）年龄分布

快手直播在用户年龄分布上呈现出年轻且均衡的趋势，没有极端化现象。其中，18～25

岁占比 25.1%，26～30 岁占比 23.1%，31～40 岁占比 26.6%，40 岁以上占比低于 20%。

（二）性别分布

在抖音直播、淘宝直播和快手直播中，快手直播的性别分布是最平衡的，男女性别占比分别为 41% 和 59%。

（三）地域分布

快手直播用户的分布较为集中，前十名的地域（分别为河北、山东、辽宁、黑龙江、河南、山西、内蒙古、吉林、江苏和广东）用户数量占据了所有用户数量的 82%，以北方用户居多。

三、快手直播流量分配规则

（一）短视频入口

当用户在看到主播发布的短视频以后，如果主播正在直播，短视频的头像附近会出现"直播中""直播卖货"的提示，用户只要感兴趣，就可以直接点击进入直播间。因此，主播要想提升直播间的流量，可以通过提升短视频的流量来间接地达成目标。

快手对任何一个作品都会分配一个基础的播放量（0～200 次），然后快手会根据作品的点赞率、评论率和转发率来判定是否将其推送到下一个流量池中。因此，主播要完善短视频的质量，设置好标题，做好封面图，提高短视频的各项数据指标。除了推荐页面，快手还会在同城页面向同城的人随机推荐主播的短视频和直播，主播为了聚焦精准流量，可以修改定位，把位置设置在目标群体较为集中的地区。

（二）直播广场

快手平台把直播集中于"直播广场"板块，并根据垂直领域的不同进行了划分，用户可以很方便地选择观看自己感兴趣领域的直播内容。进入直播间以后，用户还可以通过上下滑动的方式快速切换不同的直播间界面。要想在"直播广场"板块获取更多流量，主播首先要做好定位，明确直播的内容领域，然后优化直播内容。

（三）"精选"板块中的直播

"精选"板块中的直播属于信息流展示，用户只能看到主播的直播页面展示，看不到互动信息，若感兴趣，则需要点击进入直播间。因此，要想增加流量，主播要发挥自身优势，声情并茂，优化直播间配置，让用户看到直播就产生进入直播间观看的欲望。

四、快手直播电商的特点

尽管快手和抖音都是短视频平台的巨头，用户重合度也在不断上升，但快手的转化率要强一些，而抖音的娱乐性更强。快手直播"带货"的主要用户集中在三线及以下城市和乡镇，商品价格较低，并且下沉市场的用黏性极高，有助于提升转化。快手对于下沉市场的高渗透率恰恰避开了一二线城市的"流量红海",使快手直播带货在三线及以下城市的带货力得以发挥到最大。

快手直播的玩法不同于淘宝直播和抖音直播,快手独有的社区文化可以给用户带来非常好的情感体验。快手上有很多主播与大量工厂、原产地和产业链有密切合作,这些主播的直播内容也紧紧围绕自身属性。例如,主播会直播果园、档口、店面等场景,强调商品源自自家工厂。这种直接展现商品源头和商品产地的卖货方式可以让用户更直观地了解商品,从而提高他们对商品的好感度和对主播的信任度。

五、快手直播运营实操

要想在快手上直播带货,主播就必须符合申请直播权限的条件,建立一个受欢迎的个人形象,这样才能有条件持续吸引粉丝并扩大自己的影响力。

(一)开通直播权限的条件

在首次直播之前,主播要先申请直播权限,需要满足以下所有条件后才能打开直播权限:满18岁、实名认证、绑定手机号、当前账号状态良好、作品违规率在要求范围内。系统一般会自动标记"当前账号状态良好"和"作品违规率在要求范围内"这两点。除非快手账号在申请直播权限的近期有过违规行为,这时系统会提示"账号异常,请恢复再试",或者提示"历史违规作品过多"。因此,主播要遵守平台规范,多发布优质短视频,以此来稀释作品违规率,直到达到条件为止。

(二)主播人设的打造

一个成功的主播要有自己的人设定位。主播只有打造出独具特色的人设,才能被广大用户熟知并记住。主播可以从以下两个方面来打造自己的人设。

1. 打造个人 IP

优秀的个人 IP 具备以下 4 点共性。

① 符合人设。创作的内容必须与人设相符,一切账号运营和内容创作都要符合人设的行为逻辑,这样才能给用户留下深刻印象。

② 核心突出。确定创作内容的核心,并将这种核心做到极致。

③ 独立个体。每一个优秀的个人 IP 都应该具备独特的个性,这种个性往往需要从自身挖掘,可以是自身性格、外在的表现或某方面的特长。

④ 价值输出。个人 IP 输出的内容要对粉丝有用、有价值,并且持续生产有传播价值的内容,如果让粉丝学到知识、受到启发,那么就体现了个人 IP 存在的价值。

在熟悉优秀 IP 的共性以后,主播可以确定寻找人设定位的精准路径。在确定路径之后,主播就要持续不断地进行价值输出,生产有价值的内容,不断丰富自己的人设。

2. 账号装修

"账号装修"其实是人设定位的一个有力补充，主要包括账号昵称、账号头像和账号简介的设置。

（1）账号昵称

账号昵称要求通俗易懂、突出人设、避免重复。比如"数码视界"，名字简单易记，不复杂；巧妙利用谐音，避免重复；名字与账号定位相符，主要输出数码测评类内容。主播也可以按照"名称+类目关键词+核心突出点"这一公式来起昵称，如"杰哥家纺工厂"，就是由杰哥（名称）、家纺（类目关键词）、工厂（核心突出点）组成的，其中"工厂"强调了达人主播是与供应链紧密连接的，可以在工厂源头拿到物美价廉的商品。

（2）账号头像

账号头像要求图像清晰、主体突出、与账号定位一致。主播可以根据实际情况使用本人照片、内容角色照片或把账号名称设置为照片。

（3）账号简介

账号简介要求重点突出 3 个信息：我是谁？可以输出什么价值？关注我的理由。

（三）实训 1：开通直播权限

若要在快手上开通直播，需要申请直播权限，具体操作方法如下。

① 打开并登录快手 App，点击左上方的圆按钮，在打开的侧边栏中点击"设置"按钮后，如图 6-21 所示。

图 6-21　点击"设置"

② 进入"设置"界面，选择"开通直播"选项，如图 6-22 所示。

图 6-22 点击"开通直播"

③ 进入"实名认证"界面，输入姓名和身份证号码，如图 6-23 所示，然后点击"进入人脸核验"按钮。

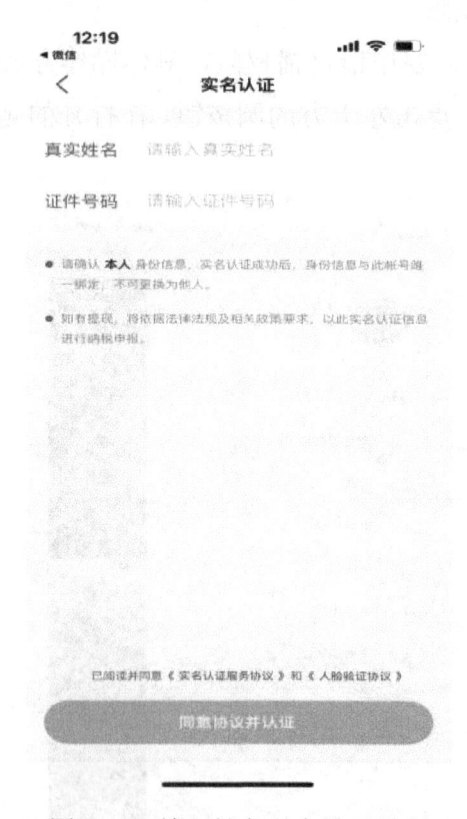

图 6-23 输入姓名和身份证号码

④ 根据屏幕提示进行人脸识别认证。

⑤ 打开的界面中提示"已认证"，点击"完成"按钮，如图 6-24 所示，即可开通快手直播。

图 6-24 点击"完成"按钮

(四) 实训 2:开通快手小店

"快手小店"是快手 App 内上线的商家功能,为商家提供便捷的商品管理及售卖服务,支持多种收入方式,能够高效地将粉丝流量转化为收益。开通快手小店的具体操作方法如下。

① 打开快手 App,点击左上方的按钮,在打开的侧边栏中选择"快手小店"选项,如图 6-25 所示。

图 6-25 选择"快手小店"选项

② 进入"快手小店"界面,点击上方的"开店"按钮,如图 6-26 所示。

图 6-26 点击"开店"按钮

③ 进入"开通快手小店"界面,选择店铺类型,在此点击个人店中的"去开通"按钮,如图 6-27 所示。

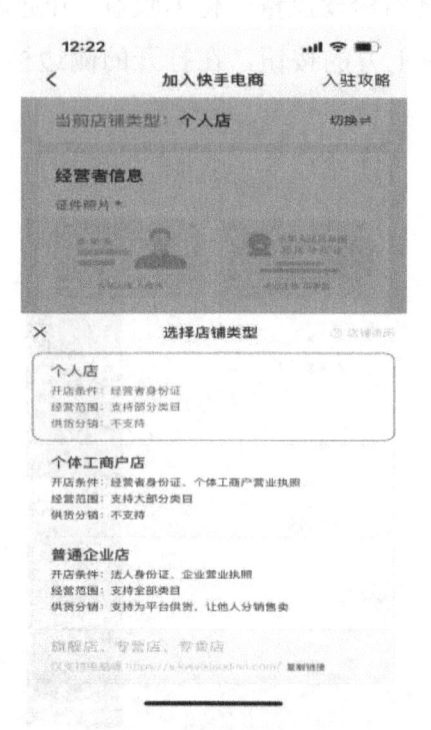

图 6-27 选择店铺类型

④ 进入"实名认证"界面,上传身份证图片,然后点击"下一步"按钮,如图 6-28 所示。

图 6-28 "实名认证"界面

⑤ 进入"开通快手商品服务"界面，填写相关个人信息。
⑥ 在界面下方点击"提交"按钮，在弹出的提示信息框中点击"同意"按钮。
⑦ 打开的界面中提示"开通成功"，点击"返回"按钮。
⑧ 返回"快手小店"界面，在上方点击"卖家端"按钮，如图 6-29 所示。

图 6-29　点击"卖家端"按钮

⑨ 进入快手小店卖家端，在"账户资金"选项区中点击"收款账户"按钮，如图 6-30 所示。

图 6-30　点击"收款账户"按钮

⑩ 在打开的界面中设置绑定收款账户，如图 6-31 所示。

图 6-31　设置绑定收款账户

⑪ 在"基本工具"选项区中点击"个人页店铺"按钮，在打开的界面中点击"立即展示"按钮，将小店展示在快手账号页面中。

⑫ 在"基本工具"选项区中点击"保证金"按钮，选择要缴纳的保证金类型。店铺保证金用于快手小店订单商品的售后管理，推广保证金用于第三方平台商品的售后管理。

【任务反思】

1. 快手平台的特点有哪些？
2. 快手直播流量分配规则主要体现在哪些方面？

【项目小结】

直播电商平台的学习和实操，是直播电商的实训和应用环节，且至关重要。通过本项目的学习，掌握各直播平台的特点，了解各直播平台用户的特点，了解各直播平台的流量分配规则，掌握各直播平台的开通直播权限条件，掌握各直播平台的开通流程。

【项目测试】

1. 淘宝直播的特点有哪些？
2. 淘宝主播定位可以按照哪几个步骤进行？
3. 抖音直播流量分配规则主要体现在哪些方面？
4. 抖音主播的人设一般有哪几种？
5. 简述快手直播开通直播权限的条件。

【项目实训与评价】

项目实训工作页

项目名称		实训项目七　直播电商平台的学习与实操		
任务名称		在手机端进行淘宝直播		
任务用时		90 分钟	实训地点	电商实训室
任务下达	\multicolumn{4}{l|}{1．实训目标 （1）掌握手机端淘宝直播的操作流程。 （2）能够利用手机将自己想卖的商品通过淘宝直播的方式进行售卖。 2．实训内容 结合本章内容，选择你想卖的 2~3 种产品，在淘宝直播平台上进行一场直播卖货。 3．实训要求 （1）需要有稳定的无线网络或移动网络、手机。 （2）选择 2~3 款适合主播的产品，并为其匹配相应的促销内容和产品链接。 （3）命名规范：任务名称＋时间＋姓名（或学号）。 （4）提交 Excel 文件。}			
资源收集记录	\multicolumn{4}{l|}{1．任务资源 2．资源收集}			

续表

计划与实施	1．任务设计分析 （1）创建直播预告。 （2）开始直播。 （3）分享直播海报，分享给其他平台的用户。 （4）添加商品。 （5）查看直播商品列表。 （6）将直播信息推送给粉丝。 （7）粉丝连麦和主播连麦。 2．实施计划 3．实施要点与关键数据记录
总结评价与反馈	1．总结反思 2．自我测评 3．教师点评
学习拓展	

项目实训（综合评价表）

评价项目	评价内容	评价标准	评价方式		
			自我评价	小组评价	教师评价
职业素养	安全意识责任意识	A．作风严谨、自觉遵章守纪、出色地完成工作任务 B．能够遵守规章制度、较好地完成工作任务 C．遵守规章制度、没完成工作任务，或虽完成工作任务但未严格遵守规章制度 D．不遵守规章制度、没完成工作任务			
	学习态度主动	A．积极参与教学活动，全勤 B．缺勤达本任务总学时的10% C．缺勤达本任务总学时的20% D．缺勤达本任务总学时的30%			

续表

评价项目	评价内容	评价标准	评价方式		
			自我评价	小组评价	教师评价
职业素养	团队合作意识	A. 与同学协作融洽、团队合作意识强 B. 与同学能沟通、协同工作能力较强 C. 与同学能沟通、协同工作能力一般 D. 与同学沟通困难、协同工作能力较差			
专业能力	实训任务7	A. 实训任务评价成绩为90～100分 B. 实训任务评价成绩为75～89分 C. 实训任务评价成绩为60～74分 D. 实训任务评价成绩为0～59分			
创新能力		学习过程中提出具有创新性、可行性的建议	加分奖励		
学生姓名			综合评价等级		
指导教师			日期		

项目七

直播电商的风险与防范

【学习目标】

1. 了解直播电商风险有哪些。
2. 了解直播电商中法律责任涉及直播电商风险管理监测评估的主体有哪些。
3. 了解直播电商活动中风险该如何防范。
4. 掌握直播电商风险管理计划书如何制订。

引例

2020年11月5日,某短视频平台上一条质疑某直播团队所售燕窝质量的视频突然火了,视频中男子吐槽在直播中买到的即食燕窝像糖水一样,没什么固体。此前,直播团队的主播曾于2020年10月25日在直播间推广这款即食燕窝产品。据了解,该产品涉及订单共57820单,成交价1549万余元。2020年11月16日,该燕窝产品品牌方也做出回应,称此次发出的产品均为合格正品,将追究相关人员造谣诽谤的法律责任。2020年11月19日,"职业打假人"王某发布检测报告,称其直播团队所售燕窝产品中蛋白质和氨基酸的含量为0,且作为真燕窝重要指标之一的唾液酸只含0.014%。面对多方质疑和舆论轰炸,2020年11月27日,该直播团队发道歉信回应,表示确实存在夸大宣传,愿意"退一赔三"赔付消费者,预计共需赔付6198万余元。据报道,不少违法分子自称"其直播团队客服"趁机诈骗,截至2020年12月中旬,被骗者已达到53人,被骗金额几千元到几十万元不等。粉丝纷纷希望其团队能给出一个说法,但始终未得到正面回应。

2020年12月23日晚间,所在电商发布了该燕窝事件的官方处罚结果,其直播团队个人账号被封停60天。同日,广州市市场监督管理局发布"直播团队带货即食燕窝"事件调查处理情况通报。根据《中华人民共和国反不正当竞争法》的规定，市场监管部门拟对其做出责令停止违法行为、罚款 90 万元的行政处罚。

思考：1. 在直播电商活动中，除了产品质量，还存在哪些风险？
2. 直播风险对消费者和商家分别带来哪些不好的影响？

任务一　直播电商的风险预测

近几年，在"大众创业、万众创新"的浪潮下，电商直播行业逐渐进入大众视野，直播"带货"在当下更是成为一种潮流。2020 年，电商直播迎来了"井喷式"增长。直播电商俗称"直播带货"，本质上仍然是一种电子商务活动，区别在于表现形式发生了变化，由普通的依赖网店售卖转换为通过直播活动进行售卖，使直播者通过网络的直播平台与直播软件来推销相关产品，使大众了解产品的各项性能，从而发生购买商品的交易行为，但交易发生的同时也蕴藏着很多不确定的风险。

一般而言，直播电商活动涉及的风险较多，我们主要讲解法律风险、内容风险与产品风险。

一、法律风险

明确相关营销主体、确认其法律身份，是分析法律风险与责任的前提，首先我们要明确"直播带货"这种电子商务活动的法律定性。

（一）法律定性

"直播带货"是指主播在直播间通过现场测评、限时折扣等方式推销产品或服务，消费者在直播平台进行观看，然后点击直播间的购物链接购买相应产品或服务的销售行为模式。根据其定义及模式，"直播带货"本质上就是主播为商品经营者或服务提供者提供的相应产品、服务进行推荐，以吸引消费者购买的行为。因此，"直播带货"可以分解成两个独立的行为：商业广告行为和销售行为。

（二）涉及的主体

对于法律风险的学习，我们要先了解在直播电商中存在的主体，包括商家（品牌方）、主播、广告或营销公司（MCN 机构）、直播平台、消费者。

"直播带货"一般有两种模式：一种是主播就是老板，主播自主"带货"模式，即宣传自己的产品。在这种模式下，主播本身即为网店的店主，有自主运营的能力，通过网络直播的方式来销售商品。根据《中华人民共和国电子商务法》第九条：本法所称电子商务经营者，是指通过互联网等信息网络从事销售商品或者提供服务的经营活动的自然人、法人和非法人组织，包括电子商务平台经营者、平台内经营者以及通过自建网站、其他网络服务销售商品或者提供服务的电子商务经营者，此类主播应当属于电子商务经营者。另一种模式是主播受商家（品牌商）委托的销售模式，如李某某、罗某某等，利用自己的知名度、影响力在直播时进行宣传，以自己的名义或者固定形象对商品、服务质量做出保证，并且根据委托合同的约定获得提成，获取佣金。根据《中华人民共和国广告法》第二条，此类"带货"主播应当属于广告代言人。依据《中华人民共和国广告法》第二条规定：本法所称广告主，是指为推销商品或者服务，自行或者委托他人设计、制作、发布广告的自然人、法人或者其他组织。本法所称广告经营者，是指接受委托提供广告设计、制作、代理服务的自然人、法人或者其他组织。本法所称广告发布者，是指为广告主或者广告主委托的广告经营者发布广告的自然人、法人或者其他组织。本法所称广告代言人，是指广告主以外的，在广告中以自己的名义或者形象对商品、服务进行推荐、证明的自然人、法人或者其他组织。一般而言，在直播平台、商家、主播和消费者之间，前两种的身份是可以存在交叉、重叠的关系的。

企业可以尝试在开设自己的直播平台的同时自行经营销售商品或者服务，同时具有互联网信息服务提供者、广告主、广告发布者、电子商务平台经营者身份。企业员工或聘请的其他流量主播则应被认定为广告代言人。

1. 商家

在直播电商活动中，商家以推销商品或者提供服务为目的，委托主播或 MCN 机构、直播平台等设计、制作、发布广告，属于《中华人民共和国广告法》意义上的广告主及《中华人民共和国电子商务法》中规定的平台内经营者。

2. 主播

① 属于广告经营者。广告经营者是指接受委托提供广告设计、制作、代理服务的自然人、法人或者其他组织。若广告主委托主播个人（不通过 MCN 机构）为其直播推销商品或服务，此时主播属于广告经营者。

② 属于广告代言人。广告代言人认定的关键在于其在直播中的表现能否让观众感受到其利用自身人格特征对产品进行推销，主播在直播间以其自身的人格影响力为商家推销产品或服务，应被认定为广告代言人。

3. 广告或营销公司（MCN 机构）

在直播电商生态中，广告或营销公司（MCN 机构）扮演着中介的角色，其对主播进行培养并将优秀的主播输送到各直播平台，因此，若广告主与主播签约的 MCN 机构签署了广告协议，则此时 MCN 公司属于广告经营者的身份，如今直播电商活动中这种情况较为普遍。

4. 直播平台

广告发布者是指为广告主或者广告主委托的广告经营者发布广告的自然人、法人或者其他组织。在直播电商活动中，直播平台属于为商家、主播或 MCN 机构发布广告的组织，应当属于广告发布者的角色。同时，直播平台为广告主提供网络经营场所、交易撮合、信息发布等服务，也属于电子商务平台经营者的角色，应按照《中华人民共和国电子商务法》履行责任和义务。

（三）责任的划分

1. 主播涉及的责任

当主播售卖的商品或者服务与消费者发生相应的纠纷时，主播很可能需要承担相应的责任。若主播是为自己生产经营的商品"带货"，则其同时满足了生产者、广告代言人、销售者的身份；若主播接受委托为其他第三方"带货"，则其只是单纯的代言人和销售者的身份。因为身份不同，所以发生纠纷时他们的责任也是不一样的。《中华人民共和国广告法》规定的具体责任如表7-1所示。

表7-1 具体划分

		主播为生产者、广告代言人、销售者	主播为广告代言人、销售者
行政责任	（一）	违反本法规定，发布虚假广告的，由市场监督管理部门责令停止发布广告，责令广告主在相应范围内消除影响，处广告费用三倍以上五倍以下的罚款，广告费用无法计算或者明显偏低的，处二十万元以上一百万元以下的罚款	
	（二）	两年内有三次以上违法行为或者有其他严重情节的，处广告费用五倍以上十倍以下的罚款，广告费用无法计算或者明显偏低的，处一百万元以上二百万元以下的罚款	
		可以吊销营业执照，并由广告审查机关撤销广告审查批准文件，一年内不受理其广告审查申请	可以由有关部门暂停广告发布业务、吊销营业执照、吊销广告发布登记证件
刑事责任		《刑法》第二百二十二条：广告主、广告经营者、广告发布者违反国家规定，利用广告对商品或者服务做虚假宣传，情节严重的，处二年以下有期徒刑或者拘役，并处或者单处罚金	

依照《中华人民共和国广告法》第三十八条和第五十六条规定，广告代言人不得代理医疗、药品、医疗器械、保健食品的广告；在广告中对商品、服务做推荐、证明，应当依据事实，符合法律、行政法规的规定，并不得为其未使用过的商品或者未接受过的服务做推荐、证明；对在虚假广告中作推荐、证明受到行政处罚未满三年的自然人、法人或者其他组织，不得利用其作为广告代言人。此外，广告代言人代理广告应受到市场监管部门的监管，代理虚假广告应受到行政处罚。

若代理虚假广告对消费者造成损失时，相关责任人应承担相应责任侵权或者违约民事赔偿责任，如表7-2所示。

表7-2 具体划分

（一）	发布虚假广告，欺骗、误导消费者，使购买商品或者接受服务的消费者的合法权益受到损害的	由商品、服务的生产经营提供者依法承担民事责任
（二）	上述情形下带货主播不能提供商品、服务的生产经营提供者的真实名称、地址和有效联系方式的	消费者可以要求"带货"主播先行赔偿
（三）	关系消费者生命健康的商品或者服务的虚假广告，造成消费者损害的	带货主播与商品、服务的生产经营提供者承担连带责任
（四）	前款规定以外的商品或者服务的虚假广告，造成消费者损害的，"带货"主播明知或者应知广告虚假仍设计、制作、代理、发布或者作推荐、证明的	"带货"主播应当与商品、服务的生产经营提供者承担连带责任

2. 直播平台涉及的责任

依据《中华人民共和国电子商务法》第三十八条规定："电子商务平台经营者知道或者应当知道平台内经营者销售的商品或者提供的服务不符合保障人身、财产安全的要求，或者有其他侵害消费者合法权益行为，未采取必要措施的，依法与该平台内经营者承担连带责任。对关系消费者生命健康的商品或者服务，电子商务平台经营者对平台内经营者的资质资格未尽到审核义务，或者对消费者未尽到安全保障义务，造成消费者损害的，依法承担相应的责任。"

《中华人民共和国消费者权益保护法》第四十四条规定："消费者通过网络交易平台购买商品或者接受服务，其合法权益受到损害的，可以向销售者或者服务者要求赔偿。网络交易平台提供者不能提供销售者或者服务者的真实名称、地址和有效联系方式的，消费者也可以向网络交易平台提供者要求赔偿；网络交易平台提供者做出更有利于消费者的承诺的，应当履行承诺。网络交易平台提供者赔偿后，有权向销售者或者服务者追偿。网络交易平台提供者明知或者应知销售者或者服务者利用其平台侵害消费者合法权益，未采取必要措施的，依法与该销售者或者服务者承担连带责任。"

因此，根据上述规定，虽然第三方直播平台并不是交易的直接相对方，但也有义务向消费者披露销售者名称、地址、联系方式等真实情况，尽到审慎的注意义务。否则，如果造成了消费者权利的损害，那么不仅将承担损害赔偿责任，还可能面临行政部门责令限期改正、罚款或者停业整顿等处罚。

当消费者的合法权益因购买主播直播时推荐的商品或者服务而受到侵害时，消费者可以依据《中华人民共和国消费者权益保护法》及《中华人民共和国民法典》的相关规定进行维权，并可以向有关部门投诉维权。中国广告协会发布的《网络直播营销行为规范》和国家市场监管总局等十一个部门联合发布的关于印发《整治虚假违法广告部际联席会议2020年工作要点》和《整治虚假违法广告部际联席会议工作制度》的通知，均着重强调要加强对网络直播营销的规范管理。另外，因直播可能会涉及毒品、色情、暴力犯罪等内容从而造成刑事犯罪，还可能涉及侵犯他人知识产权、肖像权及隐私权等涉及民事侵权，所以平台和主播应该及时制止有关行为，接受有关部门的监管，营造良好的网络运营环境。

二、内容风险

直播电商相比其他直播活动，节奏更快，金额交易量大，打造好内容的同时也带来了一些不合法现象，致使直播平台产生内容运营风险。截至2021年6月，我国网络直播用户规模达6.38亿，同比增长7539万，占网民整体的63.1%；直播电商直播用户规模为3.84亿，同比增长7524万，占网民整体的38.0%，具体如图7-1所示。

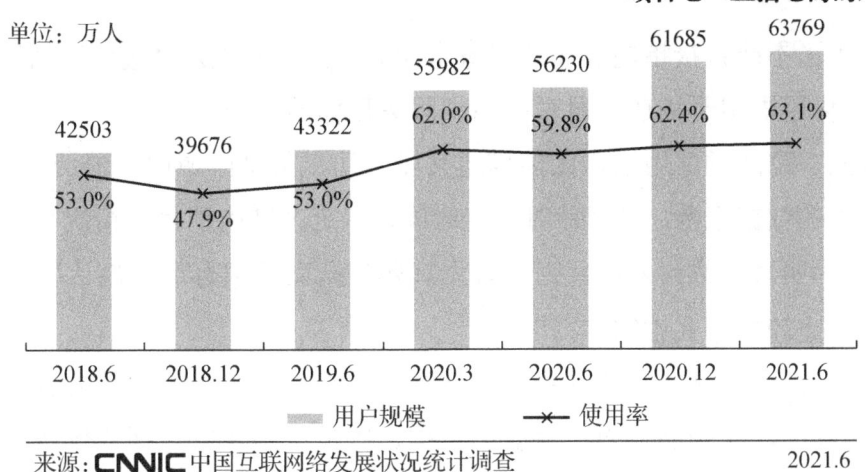

图 7-1 直播用户规模及使用率

针对不良内容，相关规范陆续出台。2020年6月，国家互联网信息办公室会同相关部门对31家主要网络直播平台的内容生态进行全面巡查，视违规情节对相关平台采取停止主要频道内容更新、暂停新用户注册、限期整改等处置措施。2021年《关于加强网络直播规范管理工作的指导意见》确立了完善的工作机制，规定各部门在网络直播行业的监管职责；坚决打击利用网络直播颠覆国家政权、散播历史虚无主义、煽动宗教极端主义、宣扬民族分裂思想、教唆暴力恐怖等违法犯罪活动；严厉查处淫秽色情、造谣诽谤、赌博诈骗、侵权盗版、侵犯公民个人信息等违法犯罪行为；全面清理低俗庸俗、封建迷信、打"擦边球"等违法和不良信息。

另外，网络直播行业规范密集出台。2020年6月，中国广告协会发布《网络直播营销行为规范》，成为首部针对直播电商行业的全国性规定；2020年11月，国家广播电视总局发布《关于加强网络秀场直播和电商直播管理的通知》；《网络交易监督管理法》《网络直播营销管理办法（试行）》于2021年上半年陆续实施，将电商直播明确纳入网络交易监管范围，推动了电商直播行业市场秩序的进一步规范。

未成年人的网络保护成为关注焦点，2021年《关于加强网络文化市场未成年人保护工作的意见》规定，要压实市场主体责任，切实强化用户识别，严格保护个人信息，坚决阻断有害内容，严禁借"网红儿童"牟利，有效规范金钱打赏。

对于直播内容，主播"带货"直播时不可避免地会对商品的外观、特征、功能、款式等进行描述，以实现推销商品的目的，通常而言，直播带货行为主要受《中华人民共和国广告法》及《中华人民共和国反不正当竞争法》的规制，尤其是直播内容须注意以下四点要求。

（一）绝对化用语限制

2018年《中华人民共和国广告法》修订后，部分人士认为不能在广告中使用绝对化用语，并总结很多广告用语禁忌，如说"最""最佳""最先进""销量第一""世界级"等，但实际上并非所有绝对化用语都不能使用，按照《国家工商总局广告监督管理司新旧广告法衔接实施中执法疑难问题口径》及《中华人民共和国广告法释义》的规定，可以在遵守以下3点原则的前提下，有限制地使用绝对化用语。

① 绝对化用语不能直接指向商品或服务本身等，如不能提及"最佳商品""最先进技术"等，但可将绝对化用语用于描述公司对商品、服务目标的追求。

② 添加时间、空间顺序用语，比如描述某段时间、某个区域内"消费者评分最高"等。

③ 提供明确的数据来源，尽管针对一定时间、一定区域内销量等情况可以使用绝对化用语，但也需明确标明具体数据来源，因为若无具体数据支持则有可能被认为属于虚假宣传。

（二）不得以比较的方式推销

某些商家为了突出商品在某些性能上的优越性，所以打算用比较的方式来凸显自家商品相较于其他品牌商品，在产品功效、性能、结构、质量、服务等方面的优势，但该种方式需要谨慎处理，否则商家、主播、MCN机构之间可能会构成不正当竞争。

2022年，成都某公司被列为经营异常。此前，该公司因诋毁某品牌螺蛳粉而被行政处罚。起因为该公司合作主播在直播间为某品牌加臭加辣螺蛳粉直播带货，直播中，"带货"主播将该品牌螺蛳粉与其他某品牌螺蛳粉并列摆放展示，并将其比较后甩进垃圾桶并用"那个是什么鬼，我真的不明白那个是什么鬼，它连及格线都不到"等言语进行贬低，同时对带货品牌"加臭加辣螺蛳粉"进行推荐和介绍。该行为违反了《中华人民共和国反不正当竞争法》，北京市海淀区市场监督管理局对该公司处以20万元的罚款。在以比较方式"带货"时如出现以下行为，容易被认定为商业诋毁行为。

① 出现其他商品的商标、外包装等足以使他人识别出商品品牌的元素。

② 区别对待不同品牌商品，如在讲解A商品相关特征的同时隐去B商品相关特征。

③ 比较内容虚假，由不具备资质的第三方中立机构实施，且实验方法不规范或不具有科学依据。

④ 直接对其他商品进行定性评价，如"伪劣产品""应当丢进垃圾桶"等。

（三）不得进行虚假宣传

① 直播宣传的产品成分、功能，在真正的商品当中并不存在，这是一种典型的虚假宣传行为，处罚相对较重。

② 涉及商品性能、功能的夸大宣传。此类是市场监管部门处罚较多的案件，主要判断的依据是"是否对购买产生实质性影响"。如果这些内容与实际情况不符，那么有可能构成虚假宣传。

③ 虽然有真实依据，但是真实依据有一定的限制，且直播宣传中，主播未说明该限制的。如宣传"销量第一"但是此"销量第一"系特定时间段和特定地区，但是在直播中未明确说明限制条件。此类案件，尽管有真实性依据，但是因为有一定的限制且真实依据与宣传不符，所以可能被认定为虚假广告。

（四）不得侵犯知识产权

直播中侵犯知识产权的行为大致有两种类型：第一，直播带货商品侵犯他人的知识产权，包括商标、专利等；第二，直播过程使用的画面、播放的声音等侵犯他人的知识产权。

1. 直播"带货"产品侵犯他人商品知识产权

《市场监管总局关于加强网络直播营销活动监管的指导意见》（以下简称《指导意见》）中明确规定，依法查处侵犯知识产权违法行为。针对网络直播营销中售卖侵犯知识产权产品等问题，依据《中华人民共和国商标法》《中华人民共和国专利法》，重点查处侵犯注册商标专用权、假冒专利等违法行为。

2. 直播过程侵权

直播平台需要加强对知识产权审查的意识。对于可能出现侵犯他人知识产权的各类行为予以避免，如背景音乐中使用他人音乐作品，播放的声音、宣传物料中使用他人摄影作品、背景板、宣传画、类电作品、美术作品（字库输出的单字），主播在直播展示时应当进行严格的筛查，确保得到授权使用或者对展示的内容享有知识产权，否则很可能因侵犯他人知识产权招致诉讼风险。此类侵权在直播带货的直播间较为少见。

三、产品风险

产品风险分为商品价格风险、商品质量风险、商品售后服务风险，下面将对这三种产品风险进行详细介绍。

（一）商品价格风险

在实际电商直播活动中，主播为了强化优惠力度，经常会强调商品原价与折扣价之间的幅度。在直播中，原价一般指商品上市之日的原厂售价，即出场标价，但这个价格很有可能虚高，从而使折扣力度显得很大，出现"虚构原价"的问题。

价格欺诈也是直播电商活动中必须重视的风险点，一旦被认定构成价格欺诈，除可能会被市场监督管理部门处以罚款外，还可能承担民事责任。一般来说，商家需要支付消费金额三倍的赔偿金。那么，哪些行为属于价格欺诈呢？根据《中华人民共和国价格法》中禁止价格欺诈行为的规定，只要是利用虚假的或者使人误解的价格手段，诱骗消费者或者其他经营者与其进行交易的行为，比如说虚构原价、虚假优惠折价、谎称降价或者将要提价等行为，都属于价格欺诈行为。此外，若该商品之前未有过销售，则不能标注"原价"；若存在销售记录，则"原价"应该是指本次促销活动前七日内在本交易场所成交，并有交易票据的最低交易价格，而不能随意标注。

（二）商品质量风险

商品质量风险包括外在质量和内在质量，外在质量指商品的造型、工艺、色彩等，内在质量指商品的性能、使用的安全性等。

（三）售后服务风险

直播带货节奏紧凑，能时刻抓住消费者的购物心理，容易激发消费者的购物冲动，虽然带来了销量，但会有部分消费者盲目下单，继而出现大量的退换货售后问题。如果售后服务难以跟上，那么就会给消费者带来不良的购物体验，还会增加给品牌带来负面影响的风险。

【任务反思】

1．直播电商中存在哪些风险？
2．直播电商活动中存在的责任主体包括哪些？

任务二　直播电商的风险防范

规范直播电商行业，加强消费者权益保护。对于直播电商活动中出现的风险，需要消费者、主播、商家、直播平台与监管部门的共同努力，共同防范风险，让直播电商行业规范健康发展。

一、消费者防范风险措施

作为消费者，在观看网络直播购物时，要做到：

① 应当树立理性消费的观念，保持良好的消费心态，根据需求进行消费；
② 全面查看直播"带货"的商品、服务和卖家信息、售后服务信息等；
③ 不应为了贪图便宜而进行私下交易；
④ 对于极度夸张和带有极限词的宣传活动，要保持冷静，谨慎交易。
⑤ 一旦发生交易风险，一定要积极维权。第一时间保留货品与交易证据，与卖家、平台沟通协商，依据《中华人民共和国消费者权益保护法》《中华人民共和国产品质量法》《中华人民共和国广告法》等法律，向相关部门，省、市消费者协会投诉，使自己的损失降到最低。

二、主播与商家防范风险措施

对于直播中出现的风险，主播与商家往往需要提前预测，以下主要介绍了三种防范风险措施。

（一）主播与商家共同防范风险措施

① 应在选品时进行充分的调查审核，要求经营者提供商品的价格、产地、生产者、用途、性能、规格、等级、主要成分、生产日期、有效期限、检验合格证明、使用方法说明书、售后服务，或者服务的内容、规格、费用等有关情况，保障消费者的知情权；

② 与商家通过事先签订协议的方式约定产品责任归属问题，同时对于七天无理由退换货等基本的消费者权益保障进行落实。对于产品质量问题防范与消费者权益保护可以采取如下方式避免相关风险：第一，与品牌商订立详尽的书面合同。在合同中载明广告主名称、地址和有效的联系方式，并要求商家提供企业法人营业执照等主体资格证明材料、工作联系单等。第二，对于关系消费者生命健康的商品或者服务进行严格的审查。对于关系消费者生命健康

的商品，如食品、药品、保健品、健身用品、易燃易爆品，以及含有有毒、有害物质的商品、日用工业品等，还有关系消费者生命健康的服务，如医疗、美容、护理、餐饮、交通、旅游、劳务等，应当予以严格审查，确保对卖家的资质、资格尽到审核义务，对消费者尽到安全保障义务。

（二）主播防范风险措施

① 直播活动中的内容部分，如播放或者演绎音乐、视频等内容时，要提前了解其是否涉及内容侵权，版权问题不容忽视。如果直播中需要使用音乐、视频等相关内容，那么一定要在开播前联系著作人，支付报酬，取得授权。

② 主播要不断提升专业素质，在直播活动中，主推"带货"商品时，要避免使用绝对化用语，与友商恶意比较等违规行为。

③ 主播应严格选品，参与团队选品审核，了解供应链，亲测产品使用情况并且反映真实的使用感受，不可一味迎合"资本"，虚假宣传，诱导交易。另外，发生纠纷时，主播不仅需要承担经济赔偿的风险，还可能会面临牢狱之灾。

④ 开播前主播要提前演练，尤其是新的直播团队，更加需要提前按照直播流程排练、磨合，防止出现失误。

⑤ 主播应谨慎签署合约，注意合约、条款、期限、账号归属权等细则，在签署合约时可以找专业人员进行专业的分析，否则解约时，可能会引发的"天价"赔偿。另外，主播或者主播所签约公司（MCN机构）在与商家签订协议时，还应注意知识产权条款的约定，例如，约定因商家原因导致主播或MCN机构承担侵权责任时，应由商家赔偿其全部损失。

（三）直播商家防范风险措施

对于商家来说，在直播"带货"活动中，要本着诚信经营的态度，自觉接受平台与消费者的监督，自觉接受相关部门的政策、法律法规的约束，杜绝违法行为，一旦发生不良行为积极整改，消除影响。直播商家需要做到以下4点：①从供应链开始严格把关推广宣传的商品，确保商品符合国家标准，质量合格，以防因为商品质量问题而引起纠纷；②完善售后服务，商家无论作为生产商还是经销商，都要严格落实商品的"三包政策"；③不得进行恶意"刷单"，虚假宣传，诱导好评，欺骗消费者，直播商家应对直播内容的合法性、真实性承担责任。④对主播进行上岗培训，严格把关，选择和自己产品、品牌、企业文化相契合的主播，一方面可以提升品牌的影响力，另一方面可以降低风险。相对来说，直播行业门槛较低，主播的能力素质良莠不齐，个别主播可能会在直播中出现较为严重的失误，轻则面临处罚，重则账号被封禁、整改，导致品牌信誉下降。

三、直播平台防范风险的措施

在直播电商活动中，直播电商平台为商家、主播、消费者提供了直播工具，使交易得以以视频直播的形式在电商平台上实现，直播电商平台有责任去规范在平台上的一切行为，强化风险意识，严格遵守相关法律制度，履行法律法规规定的相关义务，使得电商平台健康发展。电商平台具体需要做到以下 5 个方面：① 严格审查制度，对企业资质、入驻条件、主播身份、直播内容、广告内容等进行审查和实时监管，对违规商家、主播要及时制止他们的行为，并根据实际内容实施处罚；② 强化平台支付交易管理，做到安全交易，保障消费者权益；③ 完善协议公约，签订直播发布者与用户的用户协议，明确双方权利、义务。保护直播发布者与用户的隐私，不得泄露、篡改、损毁，或用来非法牟利。④ 完善平台服务保障机制，对交易纠纷、商家与卖家沟通不畅等情况进行妥善处理，提升消费者与商家使用平台的用户体验，保障商家与消费者的合法权益；⑤ 设置平台风险防范温馨提示，针对观看、支付交易等关键环节设置温馨提示，对消费者加以提醒。

【任务反思】

1. 在电商直播活动中，作为消费者该如何防范风险？
2. 主播与商家共同防范风险的措施有哪些？

任务三　制订直播电商风险管理计划书

直播电商发展迅速，据相关统计，2020 年直播"带货"成交总额有可能突破万亿，但由于直播"带货"行业门槛低，从业人员层次参差不齐，直播电商监管体系相对不完善，直播中常出现各种违规行为，不仅存在被行政处罚的风险，还可能对主播与品牌的形象造成一定影响。所以，我们在开展直播"带货"时，就要提前制订直播电商风险管理计划书，管理直播电商的风险，防患于未然。

一、制订直播电商风险管理计划书的原则

1. 有效性原则

直播电商风险管理方案首先应针对已识别的风险源，制订具有可操作的管理措施，采取有效的管理措施能大大提高管理的效率和效果。

2. 超前性原则

直播活动中所涉及的风险主体相对固定，包括主播、商家、消费者、平台。在制订方案时应当从主体出发，尽可能预测出接下来直播电商活动中会出现的风险并提前采取有效的措施。

3. 全过程原则

直播电商活动的全过程（确定方向、前期准备、展开直播、复盘总结），应遵循"主动控制、事先控制"的管理思想，根据不断发展、变化的环境条件和不断出现的新情况、新问题，

及时采取应对措施，进行全过程记录，对于突发事件，应及时调整、应对。

4．综合性原则

直播电商活动能否顺利进行，团队至关重要。因此，必须综合治理，科学分配风险责任，建立风险利益共同体，才能把风险管理落实。

二、制订直播电商风险管理计划书的框架

方案一般包括直播电商概况、直播电商风险预测类型、直播电商风险防范措施、直播电商风险管理监测评估。

1．直播电商概况

直播电商概况是一场直播电商"带货"活动的总体介绍，包含直播电商活动的时间、地点、参与的人员、观看直播的人数、交易单数、交易金额等，以此可以分析出此场直播带来的影响力，概况内容有利于后期的风险评估。

2．直播电商风险分析

直播电商风险分析可以从直播电商风险的预测，即法律风险预测、内容风险预测、产品风险预测三个角度切入，根据实际直播售卖的产品进行预测，包括风险发生的原因、以何种形式发生。

3．直播电商风险评估

在制订直播电商风险评估内容时，应当对直播电商的各种风险发生的概率，风险发生后带来的影响，所在直播团队对各种风险的承受能力的大小进行风险大小等级排序和控制风险的能力等级排序。

4．直播电商风险控制

在制订直播电商风险控制部分时，本着"提前预防、及时应对"的思想，可以根据直播电商活动中涉及的责任主体来控制，有时也可以采取特殊的方式将风险从一个主体转移到另一个主体的方式，来降低风险的影响程度，使其达到可控范围。风险控制需要以风险分析与风险评估的结果为依据，对即将发生的潜在风险设置预警，风险出现时应选择合理的形式来保护消费者，同时也要使企业的损失尽可能地降低，以达到双方可接受的程度从而降低风险，直至风险消除。

5．直播电商风险管理监测评估

对于直播电商来说，直播所带来的风险往往会令人猝不及防，所以对于发生的风险我们要积极预防，对于已经发生的风险，应该进行全过程监测，积极应对并解决问题。监测不良影响的覆盖面是否继续降低，是否继续扩散，并在风险结束后进行评估，以供后期直播参考和借鉴。

【任务反思】

1. 制订直播电商风险管理计划书的原则有哪些？
2. 简述直播电商风险管理计划书的框架。

【项目小结】

通过本项目的学习，了解直播电商存在的风险，对直播电商活动中涉及的责任主体进行了解，掌握直播电商活动中的风险该如何防范，如何提前规避。在此基础上，学会制订直播电商风险管理计划书，为规避直播电商风险做好系统性的工作。

在实际直播电商活动中，防范风险我们要遵循有效性、超前性、全过程的原则，风险未来临之前要制订方案，做好预警设置。风险来临时要积极应对，把风险带来的负面影响降到最低。如果可以正确应对风险，并进行妥善处理，那么从另一个角度也可以体现直播团队的实力与能力。

通过本项目的学习，无论是主播、商家、MCN 机构、直播平台还是消费者，都要树立危机意识，在直播电商的各个环节仔细梳理是否有存在风险的可能，做好防范风险措施，保护自身的合法权益，让直播电商行业健康发展。

【项目测试】

1. 直播电商的内容存在哪些风险，请简述。
2. 为维护消费者的权益，直播平台该如何防范风险？
3. 作为一名电商主播，防范风险的措施有哪些？
4. 作为一名消费者，直播购物时发生纠纷，你应该如何维权？
5. 制订直播电商风险管理计划书时，直播电商风险管理监测评估部分该如何撰写？

【项目实训与评价】

项目实训工作页

项目名称		实训项目七　直播电商的风险与防范		
任务名称		制订直播电商风险管理计划书		
任务用时		45 分钟	实训地点	电商实训室
任务下达	1. 实训目标 （1）掌握制订直播电商风险管理计划书的原则。 （2）熟悉直播电商风险管理计划书的框架。 2. 实训内容 结合本章内容，根据前期实训任务中"带货"的商品，制订一份直播电商风险管理计划书。			

续表

任务下达	3．实训要求 （1）计划书中的方案措施要具有可实施性。 （2）遵循制订直播电商风险管理计划书的原则。 （3）命名规范：任务名称＋时间＋姓名（或学号）。 （4）提交 Word 文件。	
资源收集记录	1．任务资源 2．资源收集	
计划与实施	1．任务设计分析 该任务依据直播电商风险管理计划书的框架内容，包含直播电商的概况、直播电商风险预测类型、直播电商风险防范措施、直播电商风险管理监测评估。管理直播电商风险，防范风险，规避风险。 2．实施计划 3．实施要点与关键数据记录	
总结评价与反馈	1．总结反思 2．自我测评 3．教师点评	
学习拓展		

项目实训（综合评价表）

评价项目	评价内容	评价标准	评价方式		
			自我评价	小组评价	教师评价
职业素养	安全意识责任意识	A．作风严谨、自觉遵章守纪、出色地完成工作任务 B．能够遵守规章制度、较好地完成工作任务 C．遵守规章制度、没完成工作任务，或虽完成工作任务但未严格遵守规章制度 D．不遵守规章制度、没完成工作任务			

续表

评价项目	评价内容	评价标准	评价方式 自我评价	评价方式 小组评价	评价方式 教师评价
职业素养	学习态度主动	A. 积极参与教学活动，全勤 B. 缺勤达本任务总学时的 10% C. 缺勤达本任务总学时的 20% D. 缺勤达本任务总学时的 30%			
职业素养	团队合作意识	A. 与同学协作融洽、团队合作意识强 B. 与同学能沟通、协同工作能力较强 C. 与同学能沟通、协同工作能力一般 D. 与同学沟通困难、协同工作能力较差			
专业能力	实训任务 6	A. 实训任务评价成绩为 90～100 分 B. 实训任务评价成绩为 75～89 分 C. 实训任务评价成绩为 60～74 分 D. 实训任务评价成绩为 0～59 分			
创新能力		学习过程中提出具有创新性、可行性的建议	加分奖励		
学生姓名			综合评价等级		
指导教师			日期		

项目八

直播电商职业与法律规范认知

【学习目标】

1. 了解直播电商的相关法律法规。
2. 了解直播电商相关从业人员的资格和要求。

引例

2023年1月30日商务部发布的消息表示:"2022年重点监测电商平台累计直播场次超1.2亿场,累计观看超1.1万亿人次,直播商品超9500万个,活跃主播近110万人。即时零售渗透的行业和品类持续扩大,覆盖更多应用场景,加速万物到家。"然而,我国的电商直播行业刚刚起步,行业门槛较低,法律规范仍有空白领域,导致虚假宣传、假货泛滥等问题在直播"带货"中相继出现,而虚假宣传更是成为"直播带货"的主要标签。移动端一直作为电商平台发展的重要渠道,随着近年来直播电商市场爆发,移动端频发直播"带货"中出现的问题。那么如何才能避免或者减少直播中出现的问题呢?从事相关行业又需要哪些要求呢?下面就给大家介绍直播电商的相关法律规范及行业准则。

思考:1. 直播电商适用于哪些法律?
2. 我们如何才能规范地从事相关职业呢?

任务一 直播电商相关规范认知

一、《网络直播营销行为规范》

(一)相关背景

2020年6月26日,中国广告协会发布国内首份《网络直播营销行为规范》。2020年7月

1日,《网络直播营销行为规范》实施。这是目前第一部由中国广告协会发布的关于网络直播营销行为的规范。

(二)性质与适用范围

《网络直播营销行为规范》(以下简称《规范》)属于行业自律规范,不能直接作为行政执法、司法裁判的依据,而是倡导性的行业自律规范,可以为相关主体从事网络直播营销行为提供行为指南,对加强行业自律、促进行业健康发展具有重要作用。

另外,其内容十分庞杂,涉及网络直播营销行业各方面的法律问题,《规范》将部分法律进行了结合,这些法律可以参见《中华人民共和国合同法》《中华人民共和国著作权法》《中华人民共和国反不正当竞争法》《中华人民共和国广告法》等法律、行政法规、部门规章等。《规范》虽然不能作为执法、裁判的依据,但是如果某种行为不仅违反了《规范》还违反了其他法律法规,那么就可以直接依据相关法律法规进行规制。

如果有商家违反《规范》,那么中国广告协会将对其进行提示劝诫、督促整改、公开批评;而对涉嫌违法的商家,则提请政府监管机关依法查处等。

(三)通则

《规范》规定了网络直播营销各类主体应当普遍遵守的一般规则,同时也规定了各类主体应当遵守的特别规则。直播营销主体包括商家、主播、网络直播营销平台、主播服务机构。一般规则主要涉及信息内容发布、消费者权益保护、网络安全与个人信息保护、知识产权与商业秘密保护等4个角度。

> 小知识:《网络信息内容生态治理规定》是中共中央网络安全和信息化委员会办公室的重要监管、执法依据,其对网络信息内容进行了全面、细致的规定,各类主体在网络直播营销活动中发布信息内容的,应严格遵守,避免触碰红线、突破底线。

1. 信息内容发布

《规范》第四条规定,网络直播营销活动中所发布的信息不得包含以下内容:

(一)反对宪法所确定的基本原则及违反国家法律、法规禁止性规定的;

(二)损害国家主权、统一和领土完整的;

(三)危害国家安全、泄露国家秘密及损害国家荣誉和利益的;

(四)含有民族、种族、宗教、性别歧视的;

(五)散布谣言等扰乱社会秩序,破坏社会稳定的;

(六)淫秽、色情、赌博、迷信、恐怖、暴力或者教唆犯罪的;

(七)侮辱、诽谤、恐吓、涉及他人隐私等侵害他人合法权益的;

(八)危害未成年人身心健康的;

(九)其他危害社会公德或者民族优秀文化传统的。

该九类内容整体借鉴了《网络信息内容生态治理规定》中的第六条。

2. 消费者权益保护

《规范》一方面原则性地规定了保障消费者的知情权和选择权、产品责任、售后承诺、虚假宣传等一般事宜；另一方面又针对网络直播中的突出问题做出了规定，如第六条明确规定"网络直播营销主体不得利用刷单、炒信等流量造假方式虚构或篡改交易数据和用户评价；不得进行虚假或者引人误解的商业宣传，欺骗、误导消费者。在网络直播营销中发布商业广告的，应当严格遵守《中华人民共和国广告法》的各项规定"。"刷单""炒信"等，是一种欺诈行为，既侵害消费者权益又构成不正当竞争，同时给消费者和其他竞争者造成严重影响。另外，《网络交易管理办法》第十九条规定"不得利用网络技术手段或者载体等方式，从事下列不正当竞争行为：（四）以虚构交易、删除不利评价等形式，为自己或他人提升商业信誉"。《侵害消费者权益行为处罚办法》第六条规定"不得有下列虚假或者引人误解的宣传行为：（四）采用虚构交易、虚标成交量、虚假评论或者雇佣他人等方式进行欺骗性销售诱导"。

在消费者权益保护方面，各类主体应严格遵守《中华人民共和国消费者权益保护法》《中华人民共和国电子商务法》《中华人民共和国产品质量法》《中华人民共和国食品安全法》《中华人民共和国广告法》等法律法规。

3. 网络安全与个人信息保护

网络安全与个人信息保护是互联网时代中的重点、热点、难点问题，所以《规范》第七条规定"网络直播营销主体应当依法履行网络安全与个人信息保护等方面的义务，收集、使用用户个人信息时应当遵守法律、行政法规等相关规定"。在网络安全与个人信息保护方面，相关主体应当遵守《中华人民共和国网络安全法》《中华人民共和国民法典》《中华人民共和国消费者权益保护法》等法律法规，以及中共中央网络安全和信息化委员会办公室出台的相关部门规章、规范性文件。

4. 市场竞争

不正当竞争是互联网企业、平台之间多发的法律问题。《规范》第八条规定"网络直播营销主体应当遵守法律和商业道德，公平参与市场竞争。不得违反法律规定，从事扰乱市场竞争秩序，损害其他经营者或者消费者合法权益的行为"。在市场竞争方面，相关主体应当遵守《中华人民共和国反不正当竞争法》《中华人民共和国反垄断法》等法律法规。

5. 知识产权与商业秘密保护

知识产权网络侵权是互联网企业合规的重要问题，主播在直播间未经许可播放、演唱他人享有著作权的歌曲是直播中经常发生的知识产权侵权行为。《规范》第九条规定"网络直播营销主体应当建立健全知识产权保护机制，尊重和保护他人知识产权或涉及第三方的商业秘密及其他专有权利"。在知识产权与商业秘密保护方面，相关主体应当遵守《中华人民共和国著作权法》《中华人民共和国商标法》《中华人民共和国专利法》《中华人民共和国反不正当竞争法》等法律法规。

（四）商家应当遵守的特别规则

1．资质合格

《规范》第十二条：商家是在网络直播营销中销售商品或者提供服务的商业主体。商家应具有与所提供商品或者服务相应的资质、许可，并亮证亮照经营。

2．信息真实

《规范》第十三条：商家入驻网络直播营销平台时，应提供真实有效的主体身份、联系方式、相关行政许可等信息，信息若有变动，应及时更新并告知平台进行审核。

3．商品（服务）合法

《规范》第十四条：商家销售的商品或者提供的服务应当合法，符合网络直播营销平台规则规定，不得销售、提供违法违禁商品、服务，不得侵害平台及任何第三方的合法权益。

4．保护消费者权益

①《规范》第十五条：商家推销的商品或提供的服务应符合相关法律法规对商品质量和使用安全的要求，符合使用性能、宣称采用标准、允诺等，不存在危及人身或财产安全的不合理风险。

商家销售药品、医疗器械、保健食品、特殊医学用途配方食品等特殊商品时，应当依法取得相应的资质或行政许可。

②《规定》第十六条：商家应当按照网络直播营销平台规则要求提供真实、合法、有效的商标注册证明、品牌特许经营证明、品牌销售授权证明等文件。

③《规定》第十七条：商家发布的产品、服务信息，应当真实、科学、准确，不得进行虚假宣传，欺骗、误导消费者。涉及产品、服务标准的，应当与相关国家标准、行业团体标准相一致，保障消费者的知情权。商家营销商品和服务的信息属于商业广告的，应当符合《中华人民共和国广告法》的各项规定。

商家是商品或者服务的提供者，属于《中华人民共和国电子商务法》规定中的"平台内经营者"，所以应严格遵守《中华人民共和国电子商务法》《中华人民共和国消费者权益保护法》《中华人民共和国产品质量法》《中华人民共和国食品安全法》《中华人民共和国广告法》等法律法规。

二、《网络直播营销管理办法（试行）》

（一）相关背景

直播电商在 2020 年时火爆，成为全民参与的直播细分赛道，无数的人员和资本涌入直播行业。然而，在直播得到迅速发展的同时也出现了一些急功近利的行为，对于行业的规范化管理迫在眉睫。

2021 年 4 月 23 日，国家互联网信息办公室、公安部、商务部、文化和旅游部、国家税务总局、国家市场监督管理总局、国家广播电视总局七部门联合发布《网络直播营销管理办法（试行）》（以下简称《办法》），对从事直播电商的相关人员、机构、平台画出明确红线，直播"带货"的强监管时代终于来了。2021年5月25日起，《网络直播营销管理办法（试行）》正式实施，《办法》旨在规范网络市场秩序、营造清朗网络空间。

（二）《办法》平台相关要求

《办法》第六条明确规定"直播营销平台应当建立健全账号及直播营销功能注册注销、信息安全管理、营销行为规范、未成年人保护、消费者权益保护、个人信息保护、网络和数据安全管理等机制、措施"。同时，《办法》还要求平台加强网络直播营销信息内容管理、审核和实时巡查，对涉嫌违法违规的高风险营销行为采取管理措施，提供付费导流等服务需承担相应平台责任，建立健全未成年人保护机制，加强新技术新应用新功能上线和使用管理，建立直播间运营者账号的分级管理制度和黑名单制度，建立健全投诉、举报机制。简单地说，如果主播出现问题，不仅是主播自身的问题，平台还会受到一定的监管责任牵连。

《办法》第七条：直播营销平台应当依据相关法律法规和国家有关规定，制定并公开网络直播营销管理规则、平台公约。直播营销平台应当与直播营销人员服务机构、直播间运营者签订协议，要求其规范直播营销人员招募、培训、管理流程，履行对直播营销内容、商品和服务的真实性、合法性审核义务。直播营销平台应当制定直播营销商品和服务负面目录，列明法律法规规定的禁止生产销售、禁止网络交易、禁止商业推销宣传以及不适宜以直播形式营销的商品和服务类别。

《办法》第八条：直播营销平台应当对直播间运营者、直播营销人员进行基于身份证件信息、统一社会信用代码等真实身份信息认证，并依法依规向税务机关报送身份信息和其他涉税信息。直播营销平台应当采取必要措施保障处理的个人信息安全。直播营销平台应当建立直播营销人员真实身份动态核验机制，在直播前核验所有直播营销人员身份信息，对与真实身份信息不符或按照国家有关规定不得从事网络直播发布的，不得为其提供直播发布服务。

《办法》第九条：直播营销平台应当加强网络直播营销信息内容管理，开展信息发布审核和实时巡查，发现违法和不良信息，应当立即采取处置措施，保存有关记录，并向有关主管部门报告。直播营销平台应当加强直播间内链接、二维码等跳转服务的信息安全管理，防范信息安全风险。

《办法》第十条：直播营销平台应当建立健全风险识别模型，对涉嫌违法违规的高风险营销行为采取弹窗提示、违规警示、限制流量、暂停直播等措施。直播营销平台应当以显著方式警示用户平台外私下交易等行为的风险。

（三）《办法》主播相关要求

《办法》将从事直播营销活动的直播发布者细分为直播间运营者和直播营销人员，提出直播营销人员和直播间运营者为自然人的，应当年满十六周岁。《办法》明确了直播营销行为8条红线，突出了直播间 5 个重点环节管理，对直播营销活动相关广告合规、直播营销场所、互动内容管理、商品服务供应商信息核验、消费者权益保护责任、网络虚拟形象使用提出了明确要求。

在《办法》中，发布虚假或者引人误解的信息，欺骗、误导用户；营销假冒伪劣、侵犯知识产权或不符合保障人身、财产安全要求的商品；以及传销、诈骗、赌博、贩卖违禁品及管制物品等八类行为被明确禁止。有部分短视频平台情感主播以虚假、离奇故事博人眼球，误导价值观，顺势完成"带货"任务。《办法》实施后，此类行为也将被纳入严格监管。

《办法》第十八条：直播间运营者、直播营销人员从事网络直播营销活动，应当遵守法律法规和国家有关规定，遵循社会公序良俗，真实、准确、全面地发布商品或服务信息，不得有下列行为：①违反《网络信息内容生态治理规定》第六条、第七条规定的；②发布虚假或者引人误解的信息，欺骗、误导用户；③营销假冒伪劣、侵犯知识产权或不符合保障人身、财产安全要求的商品；④虚构或者篡改交易、关注度、浏览量、点赞量等数据流量造假；⑤知道或应当知道他人存在违法违规或高风险行为，仍为其推广、引流；⑥骚扰、诋毁、谩骂及恐吓他人，侵害他人合法权益；⑦传销、诈骗、赌博、贩卖违禁品及管制物品等；⑧其他违反国家法律法规和有关规定的行为。

《办法》第十九条：直播间运营者、直播营销人员发布的直播内容构成商业广告的，应当履行广告发布者、广告经营者或者广告代言人的责任和义务。

《办法》第二十条：直播营销人员不得在涉及国家安全、公共安全、影响他人及社会正常生产生活秩序的场所从事网络直播营销活动。直播间运营者、直播营销人员应当加强直播间管理，在下列重点环节的设置应当符合法律法规和国家有关规定，不得含有违法和不良信息，不得以暗示等方式误导用户：①直播间运营者账号名称、头像、简介；②直播间标题、封面；③直播间布景、道具、商品展示；④直播营销人员着装、形象；⑤其他易引起用户关注的重点环节。

《办法》第二十一条：直播间运营者、直播营销人员应当依据平台服务协议做好语音和视频连线、评论、弹幕等互动内容的实时管理，不得以删除、屏蔽相关不利评价等方式欺骗、误导用户。

（四）强化监督管理和法律责任

针对广泛出现的消费者权益保护问题，《办法》进行了多处强化。直播营销平台应当及时处理公众对于违法违规信息内容、营销行为的投诉举报。消费者通过直播间内链接、二维码等方式跳转到其他平台购买商品或者接受服务，发生争议时，相关直播营销平台应当积极协助消费者维护合法权益，提供必要的证据等支持。直播间运营者、直播营销人员应当依法依规履行消费者权益保护责任和义务，不得故意拖延或者无正当理由拒绝消费者提出的合法合理要求。为了更好地开展监督管理，《办法》最后明确了有关部门的职责，指出违反《办法》，给他人造成损害的，依法承担民事责任；构成犯罪的，依法追究刑事责任；尚不构成犯罪的，由网信等有关主管部门依据各自职责依照有关法律法规予以处理。

三、《互联网直播服务管理规定》

（一）相关背景

2007年12月，原国家广播电影电视总局公布《互联网视听节目服务管理规定》；2010年3月，原国家广播电影电视总局发布《互联网视听节目服务业务分类目录（试行）》；2016年6月，中华人民共和国国家互联网信息办公室发布《移动互联网应用程序信息服务管理规定》；2016年9月，原国家广播电影电视总局下发《关于加强网络视听节目直播服务管理有关问题的通知》。

2016年4月13日，百度、新浪、搜狐等20余家直播平台共同发布《北京网络直播行业自律公约》，承诺网络直播房间必须标识水印；内容存储时间不少于15天备查；所有主播必须实名认证；对于播出涉政、涉枪、涉毒、涉暴、涉黄内容的主播，情节严重的将列入黑名单；审核人员对平台上的直播内容进行24小时实时监管。

2016年11月4日，《互联网直播服务管理规定》由中华人民共和国国家互联网信息办公室发布，自2016年12月1日起施行。《互联网直播服务管理规定》明确禁止互联网直播服务提供者和使用者利用互联网直播服务从事危害国家安全、破坏社会稳定、扰乱社会秩序、侵犯他人合法权益、传播淫秽色情等活动。

互联网直播作为一种新型传播形式迅猛发展，广泛应用于娱乐互动、新闻报道等领域。据不完全统计，在国内提供互联网直播平台服务的企业超过300家，且数量还在增长。有的直播平台打擦边球，靠低级趣味博人眼球，有的平台传播违法违规内容，还有的平台违规开展新闻信息直播。中华人民共和国国家互联网信息办公室在深入调研和广泛征求意见的基础上，出台了《互联网直播服务管理规定》（以下简称《规定》），以加强互联网直播规范管理，促进行业健康、有序发展。

（二）新闻类直播要求

《规定》为规范互联网新闻信息直播服务，提出了"双资质"要求，即互联网直播服务提供者和互联网直播发布者在提供互联网新闻信息服务时，都应当依法取得互联网新闻信息服务资质，并在许可范围内开展互联网新闻信息服务。为保证互联网新闻信息直播及其互动内容健康向上，互联网直播服务提供者应对直播内容实施先审后发管理。提供互联网新闻信息直播服务的，应当设立总编辑。互联网直播发布者发布新闻信息，应当真实准确、客观公正。转载新闻信息应当完整准确，不得歪曲新闻信息内容，并在显著位置注明来源，保证新闻信息来源可追溯。

（三）互联网直播平台内容要求

《规定》要求，提供互联网直播服务，应当遵守法律法规，坚持正确导向，大力弘扬社会主义核心价值观，培育积极健康、向上向善的网络文化，维护良好网络生态，维护国家利益和公共利益，为广大网民特别是青少年成长营造风清气正的网络空间。互联网直播服务使用者不得利用互联网直播服务从事危害国家安全、破坏社会稳定、扰乱社会秩序、侵犯他人合法权益、传播淫秽色情等法律法规禁止的活动，不得利用互联网直播服务制作、复制、发布、传播法律法规禁止的信息内容。通过网络表演、网络视听节目等提供互联网直播服务的，还应当依法取得法律法规规定的相关资质。

（四）主体责任要求

《规定》要求，互联网直播服务提供者应配备与服务规模相适应的专业人员，具备与其服务相适应的技术条件，应当具备即时阻断互联网直播的技术能力，技术方案应符合国家相关标准。另外，还应健全信息审核、信息安全管理、值班巡查、应急处置、技术保障等制度。互联网直播服务提供者应根据互联网直播的内容类别、用户规模等实施分级分类管理，建立互联网直播发布者信用等级管理体系，提供与信用等级挂钩的管理和服务。

【任务反思】

1．直播电商应该受到规范吗？为什么？

2．除了上述这些规定，你还了解哪些相关法律法规？

任务二　直播电商相关法律认知

一、《中华人民共和国电子商务法》

（一）相关背景

2018年8月31日，全国人大常委会表决通过了《中华人民共和国电子商务法》，该法自2019年1月1日起施行。《中华人民共和国电子商务法》（以下简称《电子商务法》）的颁布实施，将里程碑式地改变我国电子商务领域无法可依的局面。该法律的出台，对于电商企业的影响重大而深远，也极大地促进了我国电子商务产业的有序发展。

（二）电商经营者准则

对于电商经营者而言，电子商务法从多个维度设置了法规准绳，用于促进他们遵守法律与商业道德，规范电子商务行业管理，打造公平合理的市场竞争环境等。

1．电子商务自然人经营者都需要进行工商登记

《电子商务法》第九条规定"本法所称电子商务经营者，是指通过互联网等信息网络从事销售商品或者提供服务的经营活动的自然人、法人和非法人组织，包括电子商务平台经营者、平台内经营者以及通过自建网站、其他网络服务销售商品或者提供服务的电子商务经营者"。第十条、第十一条明确规定"电子商务经营者应当依法办理市场主体登记。""应当依法履行纳税义务，并依法享受税收优惠。"这意味着，以自然人开设网店、从事网络销售工作的实质电商避税福利即将终结，这些店铺固有的价格优势也将随之缩水。

2．网站或网页首页显著位置亮出相关证件

《电子商务法》第十五条、第十六条指出"电子商务经营者应当在其首页显著位置，持续公示营业执照信息、与其经营业务有关的行政许可信息。""电子商务经营者自行终止从事电子商务的，应当提前三十日在首页显著位置持续公示有关信息。"十分类似于线下实体店的亮证经营与注销公示了。

3．刷单、刷评价等行为将涉嫌违法

《电子商务法》第十七条规定"电子商务经营者不得以虚构交易、编造用户评价等方式进行虚假或者引人误解的商业宣传，欺骗、误导消费者。"这意味着，以后"刷单""刷评价"等行为，不仅违反平台规则，也将违法。

4．物流破损、快递丢失等运输风险将由卖家承担

《电子商务法》第二十条规定"电子商务经营者应当按照承诺或者与消费者约定的方式、时限向消费者交付商品或者服务，并承担商品运输中的风险和责任。但是，消费者另行选择快递物流服务提供者的除外。"以前有关运输纠纷的默认处理方式是，卖家与买家一方作为主体，向承运方发起追责，现在明确界定了由卖家承担运输风险。

5．竞争环境更为公平

《电子商务法》第二十二条规定"电子商务经营者因其技术优势、用户数量、对相关行业的控制能力以及其他经营者对该电子商务经营者在交易上的依赖程度等因素而具有市场支配地位的，不得滥用市场支配地位，排除、限制竞争。"这对于中小型电商经营者，更具保护意义。

6．经营者档案需要定期检验更新

《电子商务法》第二十七规定"电子商务平台经营者应当要求申请进入平台销售商品或者提供服务的经营者提交其身份、地址、联系方式、行政许可等真实信息，进行核验、登记，建立登记档案，并定期核验更新。"这意味着，开店后如果出现商标失效、转让等情况，店铺将可能随便被清退，而不是等到每年续签时。

7．直通车等竞价排名要显著标明"广告"

《电子商务法》第四十条规定"电子商务平台经营者应当根据商品或者服务的价格、销量、信用等以多种方式向消费者显示商品或者服务的收集结果；对于竞价排名的商品或者服务，应当显著标明"广告"。"这一规定，意味着以前隐藏在收集结果页中的"直通车"等广告形式将广告式现身，效果可能会打折。

8．契约精神得到彰显

《电子商务法》第四十九条规定"电子商务经营者发布的商品或者服务信息符合要约条件的，用户选择该商品或者服务并提交订单成功，合同成立。当事人另有约定的，从其约定。电子商务经营者不得以格式条款等方式约定消费者支付价款后合同不成立；格式条款等含有该内容的，其内容无效。"如卖家因设置错误，将价值数千元的电脑标价为一元，只要被拍下付款即有效。

9．跨境电商便利化水平将提升

《电子商务法》第七十一、七十二条规定"国家促进跨境电子商务发展，建立健全适应跨

境电子商务特点的海关、税收、进出境检验检疫、支付结算等管理制度，提高跨境电子商务各环节便利化水平，支持跨境电子商务平台经营者等为跨境电子商务提供仓储物流、报关、报检等服务。"跨境电子商务经营者可以凭电子单证向国家进出口管理部门办理有关手续。这意味着，跨境电商经营者在海关、税收、检验检疫等方面的便利化水平，将大大提高。

（三）消费者权益保护

消费者的权益保护，在电子商务法中得到了更为全面、具体的保障。《电子商务法》从平台义务、发票问题、押金退还等多个维度，给出了明确规定。

1. 可以拒绝个性化推荐

《电子商务法》第十八条规定"电子商务经营者根据消费者的兴趣爱好、消费习惯等特征向其提供商品或者服务的收集结果的，应当同时向该消费者提供不针对其个人特征的选项，尊重和平等保护消费者合法权益。"简单点说，如果担心大数据"杀熟"，你可以拒绝个性化推荐，而选择相对固定的收集结果呈现方式。

2. 网购也应有发票

《电子商务法》第十四条规定"电子商务经营者销售商品或者提供服务应当依法出具纸质发票或者电子发票等购货凭证或者服务单据。电子发票与纸质发票具有同等法律效力。"这就从法律层面上，明确了电子商务购物过程中的发票事宜。

3. 隐形消费得到遏制

《电子商务法》第十九条规定"电子商务经营者搭售商品或者服务，应当以显著方式提请消费者注意，不得将搭售商品或者服务作为默认同意的选项。"这意味着，买机票被默认搭配保险、订酒店被默认搭配打车券等行为将难以遁形，消费者会看到明显提示并可选择拒绝。

4. 押金退还更为便捷

《电子商务法》第二十一条规定"电子商务经营者按照约定向消费者收取押金的，应当明示押金退还的方式、程序，不得对押金退还设置不合理条件。消费者申请退还押金，符合押金退还条件的，电子商务经营者应当及时退还。"这意味着，消费者的押金退还，不会再遥遥无期或处处受阻了。

5. 更改订单信息更为方便

《电子商务法》第二十四条规定"电子商务经营者应当明示用户信息查询、更正、删除以及用户注销的方式、程序，不得对用户信息查询、更正、删除以及用户注销设置不合理条件。"这意味着，酒店日期订错被扣全款而不让更改的霸王条款等行为将会得到有效遏制。

6. 接收快递时现场验货受到法律保护

《电子商务法》第五十二条规定"电子商务当事人可以约定采用快递物流方式交付商品。快递物流服务提供者为电子商务提供快递物流服务，应当遵守法律、行政法规，并应当符合承诺的服务规范和时限。快递物流服务提供者在交付商品时，应当提示收货人当面查验；交由他人代收的，应当经收货人同意。"这意味着，买家现场拆包验货，将得到法律保护。

【任务反思】

1. 直播电商还适用于哪些法律法规？
2. 如果发现有商家或者主播没有遵守相关法律，你应该怎么做？

任务三　直播电商相关职业认知

直播电商职业多种多样，每种职业的要求是什么，我们又可以对哪些职业进行选择呢？通过运用相关的知识，我们可以找到适合自己的职业发展方向，并对直播电商职业种类有一个全面的了解。

一、互联网营销师

（一）相关背景

2020年，电商平台直播"带货"成为当时最火热的一个新兴职业，不仅带火了多位电商主播，甚至原本就很出名的明星、业界大佬等也都加入这个行业。

2020年5月11日，中华人民共和国人力资源和社会保障部公示了《关于对拟发布新职业信息进行公示的公告》，拟新增10个新职业，其中"互联网营销师"职业下增设"直播销售员"工种。

2020年7月6日，中华人民共和国人力资源和社会保障部联合国家市场监管总局、国家统计局发布了区块链工程技术人员、城市管理网格员、互联网营销师、信息安全测试员、区块链应用操作员、在线学习服务师、社群健康助理员、老年人能力评估师和增材制造设备操作员9个新职业。

（二）职业概述

互联网营销师指的是：在数字化信息平台上，运用网络的交互性与传播公信力，对企业产品进行营销推广的人员。此职业一共有5个等级，分别为：五级/初级工、四级/中级工、三级/高级工、二级/技师、一级/高级技师。根据实际情况，此职业分为4个工种（职业方向）：选品策划员、直播销售员、视频（短）创推员、平台管理员，这4个工种都是需要有一定的电子商务知识能力和水平的。虽然各工种间的职业方向与职位功能存在很大差异，但他们彼此之间相辅相成，共同构成了互联网直播营销链条。互联网营销师应具有较强的学习、理解、分析、计算及判断能力，具有一定的空间感，色觉正常，手指、手臂灵活，形体动作协调性好。

（三）职业等级要求

1. 五级/初级工

① 累计从事本职业或相关职业1年（含）以上。

② 经本职业或相关职业五级/初级工正规培训达规定标准学时，并取得结业证书。

③ 本职业或相关职业学徒期满。

2．四级/中级工

① 累计从事本职业或相关职业工作 4 年（含）以上。

② 累计从事本职业或相关职业工作 2 年（含）以上，经本职业四级/中级工正规培训达规定标准学时，并取得结业证书。

③ 取得技工学校本专业或相关专业毕业证书（含尚未取得毕业证书的在校应届毕业生）；或取得经评估论证、以中级技能为培养目标的中等及以上职业学校本专业或相关专业毕业证书（含尚未取得毕业证书的在校应届毕业生）。

3．三级/高级工

① 取得本职业或相关职业四级/中级工职业资格证书（技能等级证书）后，累计从事本职业或相关职业工作 4 年（含）以上。

② 取得本职业或相关职业四级/中级工职业资格证书（技能等级证书）后，累计从事本职业或相关职业工作 3 年（含）以上，经本职业三级/高级工正规培训达规定标准学时，并取得结业证书。

③ 取得本职业或相关职业四级/中级工职业资格证书（技能等级证书），并具有高级技工学校、技师学院毕业证书（含尚未取得毕业证书的在校应届毕业生）；或取得本职业或相关职业四级/中级工职业资格证书（技能等级证书），并具有经评估论证、以高级技能为培养目标的高等职业学校本专业或相关专业毕业证书（含尚未取得毕业证书的在校应届毕业生）。

④ 具有大专及以上本专业或相关专业毕业证书，并取得本职业或相关职业四级/中级工职业资格证书后，累计从事本职业或相关职业工作 2 年（含）以上。

4．二级/技师

① 取得本职业三级/高级工职业资格证书（技能等级证书）后，累计从事本职业或相关职业工作 4 年（含）以上。

② 取得本职业或相关职业三级/高级工职业资格证书（技能等级证书）后，累计从事本职业或相关职业工作 3 年（含）以上，经本职业技师正规培训达规定标准学时，并取得结业证书。

③ 取得本职业或相关职业三级/高级工职业资格证书（技能等级证书）的高级技工学校、技师学院毕业生，累计从事本职业或相关职业工作 3 年（含）以上；或取得本职业或相关职业预备技师证书的技师学院毕业生，累计从事本职业或相关职业工作 2 年（含）以上。

5．一级/高级技师

① 取得本职业或相关职业二级/技师职业资格证书（技能等级证书）后，累计从事本职业或相关职业工作 3 年（含）以上，经本职业高级技师正规培训达规定标准学时，并取得结业证书。

② 取得本职业或相关职业二级/技师职业资格证书（技能等级证书）后，累计从事本职

业或相关职业工作 4 年（含）以上。

（四）常见相关岗位及要求

1. 新媒体运营

① 负责公司效果广告投放的优化工作，把控投放节奏（表单获客）。

② 对投放数据进行分析，提供优化策略并执行。

③ 对投放平台的规则和媒体属性有充分的了解。

④ 熟悉各个主流信息渠道的投放，熟练操作，并进行数据跟踪和优化，根据项目提出主流渠道的策略和优化方案。

⑤ 能够根据推广项目给出创意素材建议，并与创意设计人员沟通素材内容。

⑥ 制作广告投放报表，总结投放报告。

2. 信息流运营

① 负责广告平台投放和数据统计分析。

② 参与策划广告创意，根据分析投放效果，对素材进行优化。

③ 负责账户的创建，上传素材，优化账户，以提升账户质量和效果。

④ 监测每日投放效果数据变化，整理统计数据报表，根据数据呈现问题分析定位问题点，给出解决优化方案并执行。

⑤ 维护与客户良好的合作关系，持续关注客户诉求，提高优化效果。

⑥ 定期提供运营报告。

3. 电商运营

① 负责店铺的日常维护、产品更新，能独立操作店铺陈列(PC 端及移动端)，制订运营预算，以增强店铺吸引力、产品销量。

② 制订营销策略，提供店铺展现、点击率、转化率、客单价等各项指标，对店铺销售目标负责。

③ 整理汇报监控的数据：营销数据、交易数据、商品管理、客户管理等。

④ 监控分析同行店铺、产品，为店铺制订运营计划提供依据。

⑤ 负责网店平台店铺销售的跟踪、统计、分析、总结、优化，及时调整营销策略。

⑥ 负责店铺优化、促销活动计划执行、反馈、宝贝上下架及产品价格调整。

⑦ 收集官方活动，制订活动方案并执行反馈。

（五）常见的工作任务

① 研究数字化平台的用户定位和运营方式。

② 接受企业委托，对企业资质和产品质量等信息进行审核。

③ 选定相关产品，设计策划营销方案，制订佣金结算方式。

④ 搭建数字化营销场景，通过直播或短视频等形式对产品进行多平台营销推广。

⑤ 提升自身传播影响力,加强用户群体活跃度,促进产品从关注到购买的转化率。

⑥ 签订销售订单,结算销售货款。

⑦ 责协调产品的售后服务。

⑧ 采集分析销售数据,对企业或产品提出优化性建议。

【任务反思】

1. 除了上述相关职业,你认为还有哪些直播电商职业?
2. 你认为直播电商从业困难吗?为什么?
3. 你认为直播电商主播是否应该有相关的从业证书?为什么?

【项目小结】

本节内容重点介绍了直播电商中可能会用到的相关法律政策法规,从用户、商家、监管机构、平台等多个角度介绍了相关的标准和准则。直播电商随着时代的发展受到了更严格的监管,同样的,直播电商职业种类也变得十分丰富。大家可以参考相关内容,对自己的职业进行规划。

【项目测试】

1. 常见的与直播电商相关的法律法规都有哪些?
2. 常见的直播电商相关职业都有哪些?
3. 如果一个主播售卖假冒伪劣产品,该如何对其进行处理?
4. 如果发现未成年直播,你该怎么办?
5. 主播涉嫌虚假宣传,平台应该如何监管?
6. 实训任务:请分小组扮演电子商务商家与法官,指出电子商务商家违反了哪些条例。

【项目实训与评价】

项目实训工作页

项目名称	实训项目八 直播电商职业与法律规范认知		
任务名称	服装类主播扮演与监督		
任务用时	90分钟	实训地点	电商实训室
任务下达	1. 实训目标 (1)掌握直播电商职业要求。 (2)理解主播应该遵守哪些行业规范。 (3)掌握电商直播法律规范的主要内容。 2. 实训内容 结合本章内容,至少两名同学为一组完成情景模拟,一名同学扮演服装类主播进行直播,另一名同学作为直播间监督员及时进行指导和纠正。		

续表

任务下达	3．实训要求 （1）需要主播表现出应有的职业素养。 （2）监督员需要在各个环节给予主播提示，并进行文字记录。 （3）命名规范：任务名称＋时间＋姓名（或学号）。 （4）提交 Word 文件。
资源收集记录	1．任务资源 2．资源收集
计划与实施	1．任务设计分析 该任务以情景模拟为主，一名同学扮演服装类主播进行直播，另一名同学作为直播间监督员及时进行指导和纠正，要求主播展示出不少于三点的职业能力，要求监督员提示主播至少三点应注意的法律规范及问题。 2．实施计划 3．实施要点与关键数据记录
总结评价与反馈	1．总结反思 2．自我测评 3．教师点评
学习拓展	

项目实训（综合评价表）

评价项目	评价内容	评价标准	自我评价	小组评价	教师评价
职业素养	安全意识 责任意识	A．作风严谨、自觉遵章守纪、出色地完成工作任务 B．能够遵守规章制度、较好地完成工作任务 C．遵守规章制度、没完成工作任务，或虽完成工作任务但未严格遵守规章制度 D．不遵守规章制度、没完成工作任务			

续表

评价项目	评价内容	评价标准	评价方式 自我评价	评价方式 小组评价	评价方式 教师评价
职业素养	学习态度主动	A. 积极参与教学活动，全勤 B. 缺勤达本任务总学时的 10% C. 缺勤达本任务总学时的 20% D. 缺勤达本任务总学时的 30%			
职业素养	团队合作意识	A. 与同学协作融洽、团队合作意识强 B. 与同学能沟通、协同工作能力较强 C. 与同学能沟通、协同工作能力一般 D. 与同学沟通困难、协同工作能力较差			
专业能力	实训任务 8	A. 实训任务评价成绩为 90~100 分 B. 实训任务评价成绩为 75~89 分 C. 实训任务评价成绩为 60~74 分 D. 实训任务评价成绩为 0~59 分			
创新能力		学习过程中提出具有创新性、可行性的建议	加分奖励		
学生姓名			综合评价等级		
指导教师			日期		